家庭や学級で語り合う

スマホ時代のリスクとスキル

スマホの先の不幸をブロックするために

竹内和雄 著

北大路書房

発刊に寄せて

子どもたちに携帯電話が普及し、現在では急速にスマートフォン（スマホ）への移行が進んでいます。成長の途上で不安定になりやすい思春期の子どもたちにとっては、ネット・スマホを使うことが、トラブルのきっかけとなったりストレスの要因となったりします。

本書の著者、竹内和雄さんは、全国の子どもたちの話を聞き、地道な調査研究によって子どもたちのネット・スマホ利用で生じている問題を明らかにしています。さらに、子どもたちの議論を喚起し、子どもたちの力で問題の解決を行おうと、精力的に動いておられます。そうした成果が、本書でわかりやすくまとめられています。本書が、その題名の通りに、学校や家庭で多くの方々が「ネット・スマホ問題」について語り合う契機となり、それぞれの場所で問題解決が進むことを期待しています。進化し続けるネット社会を、不幸でなく幸福に繋がるものにしていきましょう。

千葉大学教育学部教授
文部科学省いじめ防止方針策定協議会委員
警察庁少年問題研究会委員
藤川　大祐

はじめに

「お母さん、スマホ買ってよ」
「クラスのみんなでラインやってるから、僕だけ話題についていけないんだ」
「ラインとかあるし、通話料も無料だから、結局、得するらしいよ」

昨年の秋、自分のスマートフォンを買い換えるために、近所の携帯電話ショップに行ったときに聞こえてきた会話です。会話はすべて母親とその子ども。しかもすべて小学生。結局、私が順番待ちをしている1時間の間に、5人の小学生が携帯電話を購入していきました。しかもすべて、スマートフォン。

小学生がすべてスマートフォン。ちょっと驚きました。楽しいことも増えるでしょう。でも、危険も隣り合わせです。自分の子のことのように、心配になりました。

この本は、子どもたちがインターネット上で出会う問題への対策を共に考えるためのものです。子どもとネット問題。しばしばメディアに取り上げられますが、元中学校教師である私にとっては他人事ではありません。

私は、メディアの報道によって不安になります。インターネットは、危険であったり、注意を要します。その一方、子どもたちはインターネットで多くのことを学ぶことができ、有益な部分も多いのです。もちろん、たいへんに危険な事例や、大きな失敗事例からは学ばなければなりません。けれども、インターネットの便利な側面や、子どもたちにとって楽しく有益な部分をもっと教育に活かしていきたいと、願っています。

そこでこの本では、危険な事例をリアルに紹介しつつ、危険への対策や有益な活用法も伝えていきたいと思います。

第1章では、筆者らが実施したインタビュー調査からの子どもの声に一緒に耳を傾け、おとなとしてのあるべき姿を共に考えたいと思います。子どもたちの生の声には、ネットのネガティブな側面に苦しんだ経験からの切実さがあります。その切なさからこそ、私たちおとなは学ぶべきなのです。でないと、おとなの心配する声が単なる説教になってしまいます。子どもにとっての現実味がないからです。

第2章では、筆者らが実施したアンケート調査の結果を紹介します。まず、スマートフォン利用者の実態のデータを示します。次に、子どもたちのネット上の犯罪行為や危険行為についてのデータを示します。単に示すだけではなく、そこから子どもたちとインターネット問題について一緒に考えるヒントを見つけたいと思います。

第3章では、筆者らが支援した子どもたち主導の携帯電話についての話し合いや対策を紹介します。携帯電話やスマートフォンは、子どもたちの使い方次第で問題が起きているので、当然、その解決方法も、子どもたちが一番よく知っているだろうと信じているからです。小学生、中学生、高校生それぞれの実践事例を紹介します。

第4章では、学校や家庭での話し合いがうまくいくような材料を提供しています。話し合いのポイントや情報提供等、さまざまです。成否の鍵は子どもたち自身がどれだけ主体的に考えることができたかどうかです。

おとなが勝手に決めてしまったり、子どもが自分で考えるだけでは不十分です。おとなと子どもが一緒に考えて方向を決める。まさにこれが目標です。

インターネットを使う子どもたちを守るために、たくさんの人が心を砕き、対策を行っています。その中でも先駆的な方々に、「コラム」を書いていただきました。その方々の立場は、保護者、教員、通信事業者、メディア関係者、行政官などさまざまです。だからこそ、多面的に考えるための有益なヒントが詰まっています。

インターネットの問題で苦しんでいるのは、他でもない、私たちの子どもたちです。ですから、人ごとではなく、私たち一人ひとりがこの問題を自分のこととして考え、協働して対応していかなければならないと思っています。

本書は、読んだ後、ぜひどなたかと、内容について語り合っていただきたいのです。立場が違うといろいろな意見が交流できると思います。そこからいろいろな智恵も生まれます。

その結果、被害に遭う子どもたちが一人でも減ることを心から願っています。

本書は、私なりの問題提起です。ここからもっともっと協働を広げていきたいと思っています。新しい問題の萌芽のご指摘、効果的な対策のご提案等、さまざまな形での連携、情報交換を期待しています。

兵庫県立大学　竹内和雄

目次

発刊に寄せて　i
はじめに　ii

第1章　ネットの中を逃げ惑う子どもたち～悔やむ声から学ぶこと～　1

第1節　既読スルーからLINE外しに苦しんだ明日香（中3女子）　4
第2節　ワンクリック詐欺被害から、ひったくりした健太（中2男子）　10
第3節　学校でいじめにあい、ネットに逃げていた裕輝（中3男子）　16
コラム1　寝屋川市中学生サミットの取り組み　21
第4節　「裸の写真をばらまくぞ」と脅された美砂希（中2女子）　23
コラム2　ネットから離れて現実を見よう　29
第5節　ネトゲ依存、引きこもり寸前から復帰した雄介（高3男子）　32
コラム3　海外のネット問題と対応：インターネット・オンラインゲーム依存　39

第2章　調査から見るネットでの子どもの実態～調査研究の最前線から～　41

第1節　スマホを使う子どもたち　42
コラム4　「スマホの奔流」の中で立ち止まる勇気を　44

第2節　スマホ・アンケート調査　46
第3節　ネット上のふるまい調査　52
コラム5　民間団体の取り組み　66

第3章　子ども主体のネット問題対策～子どものことは子どもが知っている～　67
第1節　子どもたちの声を聞こう　68
第2節　子どもたちの持っている常識とは　71
第3節　子どもたちがネットを自由に語れる場　76
コラム6　スマホと小学生　83
第4節　命がけで逃げている子どもたち……　85
コラム7　ネットの中の子どもたちの声　87

第4章　家庭、教室で作るケータイ・スマホの約束～普段からの話し合いのために～　89
第1節　家庭・教室で話し合う意味　90
コラム8　『スマホ18の約束』で考える子供との向き合い方　92
第2節　図解「スマホ・ケータイの危険対策」　96

コラム9　ネット事業者によるサイト健全化に向けた取り組み　102
コラム10　グリーが考える「事業者による啓発」とその強み　105
第3節　スマホ・ケータイお試し期間　108
第4節　親子で作る「スマホの約束」　110
コラム11　保護者が戸惑うネット社会の子育て　112
第5節　家庭・教室で作るスマホの約束　114
コラム12　子どもとネットを考える　118
おわりに　120
引用・参考文献　125

第1章

ネットの中を逃げ惑う子どもたち

～悔やむ声から学ぶこと～

ネットで苦しんだ子どもたちの声です。
切ないですが、これが現実です。
でもここからしか始められません。

２０１３年現在、小学生の2割、中学生の5割、高校生のほぼ全員が携帯電話を所持しています。多くの子どもたちにとって、携帯電話の中の世界（以下、ネット社会）は、実際の学校生活や家庭生活（以下、リアル社会）と同じくらいの、一部の子どもにとっては、より大きな比重をもっています。

さらに私たちおとなには想像するのさえ難しいさまざまなプレッシャーやストレスを感じながら、子どもたちはネット社会を生きています。リアル社会に居づらくなってネット社会に逃げ出してしまっている子。ネット社会でいじめられて、身動きもとれなくなってしまっている子。ネット社会で逃げ道がないほど追い込まれてしまっている子。さまざまな子どもたちがいますが、私たちは、そういう子どもたちのことをほとんど知りません。

ここでは、「ネットの中を逃げ惑う子どもたち」の切ない声をお伝えします。

リアル社会だけを生きてきた場合には見えてこない「ネット社会のさまざまな作法」や危険性の中で生きている子どもたち。その作法や危険性が、子どもたちの声から、浮かび上がります。

被害を語る5人の子どもたち

---

①既読スルーからLINE外しに苦しんだ中3女子

②ワンクリック詐欺の支払いで、ひったくりした中2男子

③いじめで不登校になり、ネットに逃げていた中3男子

④だまされ、「裸の写真」で脅された中2女子

⑤連日12時間のネット依存から復帰した高3男子

これらは、全国各地でのインタビュー調査で出会った子どもたちの声です。以降の節で、そのリアルな声をお伝えしますが、掲載にあたっては、個人が特定できないように仮名にし、複数のケースをまとめる等の配慮をしています。また、涙を流している様子や沈黙等の部分は省いています。

第1節　既読スルーからLINE外しに苦しんだ明日香（中3女子）

クラスの友達5人とはいつも一緒の仲良しで、家に帰っても寝るまでずっとLINE《ライン》で話してた。それが、夏頃、急にみんなよそよそしくなった。誰も私に話しかけてくれないし、LINE《ライン》のグルチャも全然、みんな書き込まないようになった。それからは教室でもいつも一人。悲しくて、家ではいつも泣いていた。

お母さんや先生に言ったら暴走するから言わないようにして、とにかく耐えてたら、一か月くらいしたら、別の子が外されて、代わりに何となく元の仲間に戻れた。戻ってから聞くと、私が「既読スルー」したのがきっかけで、「明日香はワガママすぎる」ってなったみたい。別のグルチャで悪口書かれてたみたい……。

それからは、寝てても、お風呂入ってても、トイレでもLINE《ライン》が気になって…。自分への書き込みは取りあえず返信。時間がないときはスタンプ。変な書き込みして、変に思われるのもイヤだから、あまり自分からは書かない。塾の間も時々確認してたら、塾の先生にも怒られるけど、二度と同じ目には遭いたくないし……。

明日香は、ＬＩＮＥの書き込みに反応しなかったことをきっかけに、ＬＩＮＥのグループから外された。友達の会話から何となく、別のＬＩＮＥグループを作っていて、そこで自分の悪口を書かれていることを知る。

一か月くらいして元の状態に戻ったが、それ以来、自分への書き込みにすぐに反応するために、いつもスマホを触っている……。

◆1　明日香の言葉からのヒント

明日香の語りから、私たちが学ぶべきヒントがたくさんあります。以下、ポイントを整理して解説します。

明日香の言葉①　グルチャ

子どもたちに大人気のLINE《ライン》の機能に関する子どもたちの造語です。LINE《ライン》では、「グループ・チャット」の機能を使って、一度に多くの人でチャットができます。子どもたちは「グルチャ」と略し、2人のチャット「コチャ」と区別しています。仲良しグループだけでなく、クラスやクラブごとにグループを作っています。

明日香の言葉②　既読スルー

書き込みを見ると相手に通知される「既読」機能があります。「既読スルー」とは、「既読」がついたにもかかわらず何も反応しないことを指します。「既読無視」「既読ブッチ」とも言われ、子どもたちの間では、失礼極まりない行動とされます。子どもたちは、このような事態を恐れ、既読がつかないアプリをダウンロードしたり、機内モードでLINE《ライン》の画面を見たり（そうすると既読がつかない）しています。

明日香の言葉③　寝てても、お風呂入ってても……

不安な明日香は、常にLINE《ライン》の画面をチェックします。「完全防水じゃないから、ビニールに入れてお風呂でも見てる」そうです。「最後の一人が寝ちゃうまでとりあえずLINE《ライン》見てる」。食事中にLINE《ライン》すると母親に叱られるので、目を盗んでスタンプを送っているそうです。「雰囲気を壊したり、空気読まない書き込みをしたりしたら、またいじめられそうなので、自分からはあまり書かない」と言います。

明日香の言葉④　お母さんや先生に言ったら暴走する……

明日香は、「本当は母親や先生に助けてもらいたかったのですが、相談したときの過剰な反応を恐れて相談できなかった」と振り返ります。以下、その述懐です。

「小学校時代、クラスで少しいじめられたことがあって相談したら、お母さん、頼んでもいないのに、学校に乗り込んで先生に全部話した。そしたら、先生、張り切っちゃって、お母さんが名前出した子、全員、放課後残してギタギタに怒りちらした。『あなたたちは人間として最低です！』って。最後は、『はい、仲直りの握手』とか笑顔でやらされたけど、それから、私への攻撃はエスカレート。しかも先生に見つからないように、影でやられるから、よけい辛い。それからは親や先生には相談しない」

◆2　明日香の言葉をまとめると

朝起きてから夜寝るまで、今も明日香はLINE《ライン》の画面を見つめています。あまりに切ない事例です。似たようなケースを全国各地で耳にします。学校では、生徒たち、特に女子生徒は、互いに気を遣いながら、常に行動を共にし、トイレにまで連れ立っていきます。昔の子どもたちは、家に帰れば解放されました。それが、携帯電話のメールにより、帰宅後も繋がることが可能になり、さらにスマホ（LINE《ライン》）で、瞬時に複数で会話ができるようになりました。学校では黙っていても一緒にいるだけで仲間意識を満たすことができますが、LINE《ライン》で発言しないのは不在と同じなので、発言しなければいけません。ですが、場違いな発言をすると立場が危うくなってしまいます。彼らは寝るまでずっと気を遣っています。そのストレスたるや、考えただけでぞっとします。大人から見えにくい上に、いじめすれすれの行為なので、指導しづらいし、はなから生徒は教師に相談しない。

明日香の周辺のおとなに聞き取りましたが、保護者だけでなく、担任等もこのような事実をまったく知りませんでした。「おとなはどうせ知らないし、相談したら、よけいややこしくなる」という明日香の言葉は非常に重いです。「携帯会社が無策」「社会がよくない」「ゲーム会社がもうけ主義」「EMA[*]がだらしない」など、責任者捜しの言説にも出会いますが、それぞれの立場、職能に応じた行動がまず必要です。教師は教師の、親には親の、行政には行政の役割がそれぞれあり、各自が最大限、自分の責任を果たした上でないと、被害者にとても顔向けできません。

＊EMA「一般社団法人モバイルコンテンツ審査・運用監視機構」の略称。モバイルコンテンツの健全な発展と、青少年の発達段階に即した主体性を確保しつつ違法・有害情報から保護することを目的として2008年4月に発足した第三者機関。http://www ema or jp/ema html

第2節　ワンクリック詐欺被害から、ひったくりした健太（中2男子）

恥ずかしいんですが、ケータイで「エロ動画」を見ようとしたんです。年を聞かれる画面があって、28と書き込んで、『次へ』ボタンを押したら、「登録完了。入会金と年会費3万9千800円振り込んでください」という画面が。びっくりしていると「3日目を過ぎたら、正規料金の6万円になります」って。親にも先生にも言えるわけない。

ページを探してすぐ「退会する」というボタンがあったので、クリックしました。「当会は退会しましたが、お金の取り立ての権利は、暴力団の○○組に移行しました。命が惜しい人は、すぐに9万9千800円を振り込むことをおすすめします」。

怖くて怖くて、お母さんの財布を見たら2万しかない。8万円足りない。ネットで調べると簡単に中学生がお金を稼ぐには、ひったくりがいいと。死にたくないので、やり方を覚えて、駅前で、おばあさんでお金持ってそうな人を狙って、ひったくりしていました。あと1万円というところで、警察につかまり、警察から鑑別所へ連れて行かれました。

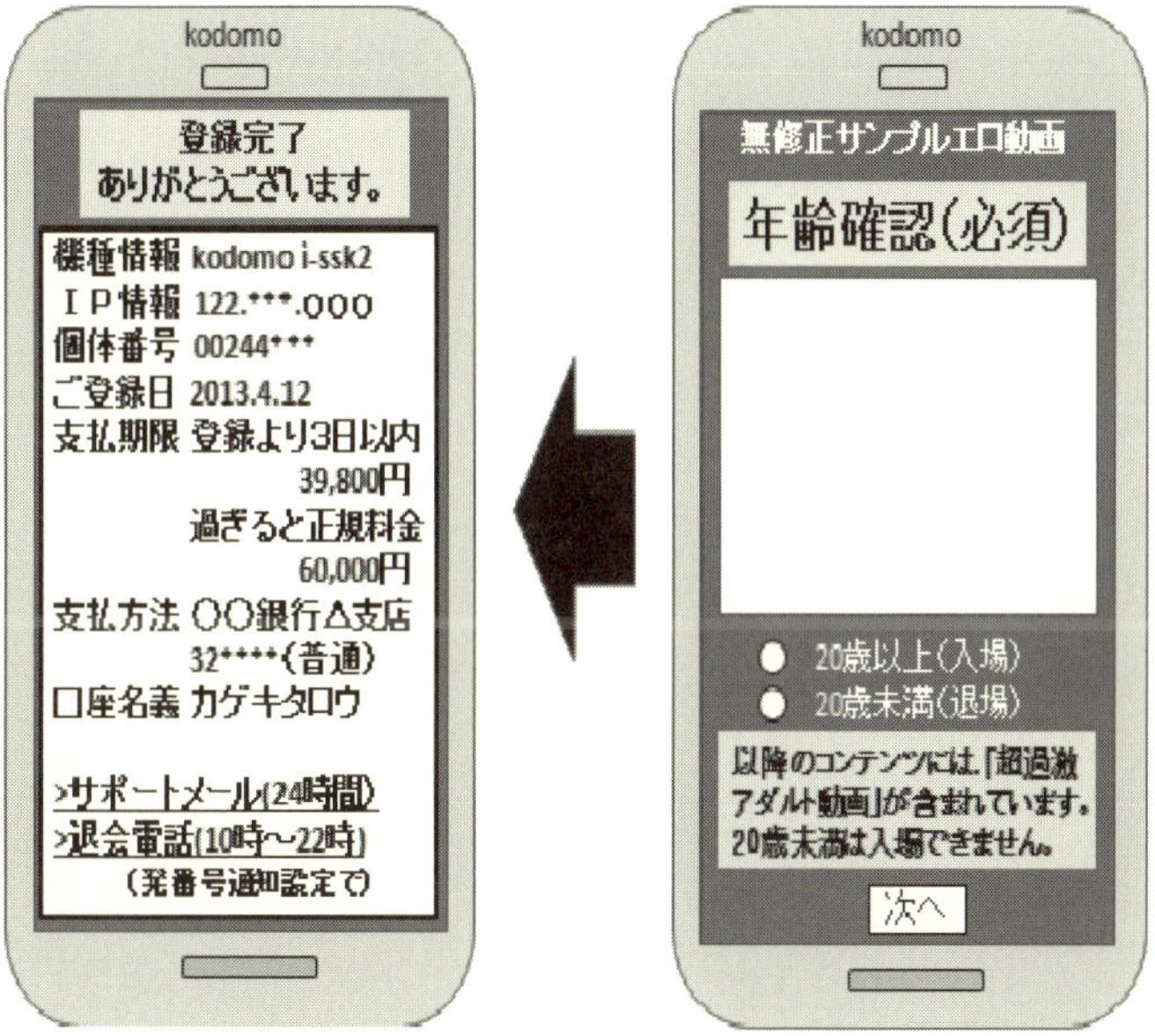

健太は「アダルト動画」を見ようとして、ワンクリック詐欺に引っかかる。退会申請することで、メールアドレスまで相手に知られてしまい、暴力団の関与をちらつかされて、恐怖心から正常な判断は不可能に。母の財布から２万円抜くが足りないので、ネットで調べてお年寄り中心にひったくりを実行。健太は警察経由で鑑別所送致となった。

◆1 健太の言葉からのヒント

「ワンクリック詐欺」とは、年齢認証等の画面をクリックしたら、「登録完了」と画面に表示され、高額な年会費等を請求されたりする、サイト上の詐欺です。

画面に自分の機種情報やＩＰアドレス等が正確に記載されるので、自分が特定されたと思い込んで、実際に振り込んでしまうことも多いのです。実際は、この種の情報はネット上の通信に必須なため、誰にでも簡単にわかるものの、機種情報等から個人が特定されることはなく心配する必要はありません。放置しておけばいいのですが、退会申請を電話やメールでしてしまうと、相手に自分の情報を教えてしまうことがあり、取り立てが厳しくなっていきます。

健太の言葉①　親にも先生にも言えるわけない

最も悲しいのは健太のこの言葉です。彼がお母さんや先生に相談できていたら、こんな悲劇は起こりませんでした。困ったときに相談できるおとなが一人でもいたら、健太はひったくり犯人にならずにすんだのです。将来、ネットのことで困ったら、どこに聞けばいいのかわかるように、窓口を作るなどして、学校も相談体制を強化していく必要があります。

このような場合、法的には支払う必要は一切ないのですが、性的な動画のあるサイト等を見てひっかかった中学生男子たちは、やましいこともあって、親や教師に言えなくてこっそり振り込むことも多いのです。また、「先生に言ったら大事になりそうで……」という子どもも少なくありません。

健太の言葉② 取り立ては、暴力団の○○組に移行

「期限までに支払わないと暴力団が取り立て」「命の保証はしません」等の脅迫めいた言葉が添えられる場合が多く、子どもたちは震え上がってしまいます。

健太の言葉③ 年会費3万9千800円

詐欺をするほうは巧妙で、ひっかかりそうな年代がちょっと無理したら払えるくらいの価格設定をします。中学生だと3～4万円。おとななら10万円前後。また、中学生の場合、1～2月は設定料金が上がるそうです。……お年玉を持っているからだそうです。詐欺師たちは冷たく笑っているのでしょう。

◆2　健太の言葉をまとめると

健太にワンクリック詐欺の知識があれば、だまされませんでした。学校の授業等で時間をとって教えていれば被害は防げたはずです。ビデオ教材等、子どもたちに見せるだけで理解できる教材が早急に必要です。先生自身があまりわかっていないので、授業やホームルーム等で注意するのをためらい、放置されている場合も多いようです。ネット問題にはいろいろありますが、おとなの対策で救える子どもたちは、全力で救うべきです。対応しきれない問題については、子どもの声を聞いて対策を考えていくことが必要です。

◆3　ワンクリック詐欺だと思ったら

①無視し、退会申請等のメールや電話はしない

パソコンのＩＰアドレスや、携帯電話の個体識別番号から、個人情報はわかりませんので、年会費等を請求されても、払う必要はありません。また、退会申請をメールや電話でするように求められる場合がありますが、絶対にしてはいけません。相手にメールアドレスや電話番号がわかってしまい、頻繁に連絡がきます。

②各種機関に通報を

ワンクリック詐欺は、一時社会問題になったことがあるので、さまざまな機関が対応窓口を持っています。代表的なのは、消費者センターや警察です。また、警察庁のホームページには、詳しく説明されていますので、参考になります。最近は、サイトでの必要なクリック数を増やして法的に有効であると主張する詐欺もありますが、だまして儲けようとする本質は同じです。迷わず、相談してください。参考までに警視庁のサイトを記載します。

http://www.keishicho.metro.tokyo.jp/haiteku/haiteku/haiteku35.htm

第3節　学校でいじめにあい、ネットに逃げていた裕輝（中3男子）

1日中ずっと、グリーとかモバゲーとかのソーシャルゲームやってました。最高13時間くらいはやってたかな……。学校には中2の2月から中3の1学期の終わりまでほとんど行ってません。

僕はテニス部だったんですが、片付けをちゃんとしないことがあってから、先輩にいじめられるようになって……。先輩の命令で同学年の奴らにも無視されるし最悪。中2の12月頃からやられだして、引きこもり状態。やることないからずっとゲーム。ネットでもチャットで話とかできるから、暇つぶしになるけど、心から楽しい、って感じではもちろんなかった。

中2の夏休みに近所のコンビニでジュース買ってたら、小学校時代のスイミングの友達に会って、「おお、裕輝、暇そうやな。今度水泳部の大会で、リレーメンバー一人足りないから、出てくれない?」って言われて。水泳部だったらプールだし、怖い先輩にも会わないから大丈夫と思って、次の日から水泳部に参加しました。ずっと引きこもってたから身体はしんどかったけど、リアル社会で話せるから楽しくて楽しくて。テニス部の先輩のこと、心配してたんですけど、友達が水泳部の先輩にこっそり話してくれて、よくわからないけど、テニス部の先輩に話をつけてくれたみたいで。それからは安心して学校に行けるようになりました。ずっと勉強してなかったから、テストの点は最悪でした。英語なんて10点とか。高校入試もあるし、不安だったんだけど、やるしかないから頑張った。1学期は全部5段階評価の1だったんですが、2学期は3ももらいました。

提出物とか完璧にして、授業態度も頑張ったからだと思います。頑張ったら、先生は見てくれるんだなぁと、とてもうれしかったです。

それからは受験に向けて頑張ってます。

ネットでのチャットとかは楽でした。いやになったら終了したらいいんだし、別の人もすぐ探せる。楽だけど、本当の友達はできないからなぁ。今でもネットはやるけど、あくまで趣味。あの頃は、生活そのもの、というか、生活全部って感じでしたね。

◆1 裕輝の言葉からのヒント

裕輝の言葉① ソーシャルゲーム

ソーシャルゲームとは、「ソーシャル・ネットワーキング・サービス（以下、ＳＮＳ）上で提供されるオンラインゲーム」のことで、日本では、グリー、ディー・エヌ・エー（モバゲー）などがよく知られています。

裕輝の言葉② 先輩にいじめられるようになって…引きこもり状態

引きこもってネット等をずっとしている子どもたちの大半は、ネットが好きでやっているわけではありません。リアル社会に安住できないので、ネット社会に逃げ込んでいるのです。たいていの場合、ネット依存の原因はリアル社会にあるので、ネットを取り上げてしまうとたいへんなことになります。リアル社会の逃げ場のネット社会さえなくなってしまうのです。それは、彼らにとって拷問以外の何ものでもありません。

裕輝の言葉③ 頑張ったら、先生は見てくれる

ネット社会に逃げた子どもが、リアル社会に帰ってくる場合、おとなの温かい支援が必要です。しかし、面と向かった「濃い」支援は、彼らにとって重荷になってしまいます。少し遠くから彼らのことを肯定的に見守る。そんな配慮が何より必要です。

裕輝の言葉④ （ネットでは）本当の友達はできない

ネットで楽しく過ごしているようで、彼らは決して満足しているわけではありません。彼らの多くは、本当はリアル社会で友達がほしいのです。ネット依存の子どもの多くは、本当は、友達がほしいし、先生にかまってほしいし、親には愛してほしい。その想いがかなわないからネット社会に逃避して、ネット仲間を得ていると考えてよいでしょう。当然、彼らはネット上の友達は本当の友達ではないと感じていますが、彼らによると、「妙な一体感がある」と話します。リアル社会にうまく順応できなかった者同士、という仲間意識かもしれません。

◆2 裕輝の言葉をまとめると

①「遊び場」なのか「逃げ場」なのか

ネット社会は彼らにとって必ずしも「遊び場」ではありません。一部の深刻な子どもの場合、そこが「逃げ場」になっています。ネットで遊んでいる場面だけを見たら、おとなは叱り飛ばしたくなることもあります。しかし、彼らがそこにしかいることができなくなったそれまでの経緯を想像して理解しないと、たいへんなことになります。

②まず彼らの声を聞きましょう

遊び場か逃げ場か、簡単にわかる方法はありません。彼ら自身に聞くしかありません。しかも、プライドが高いことの多い彼らは、なかなか真実を話しません。リアル社会でうまくやれないことは、彼らにとってとても恥ずかしいことだからです。じっくりと彼らの話を聞くしかありません。リアル社会に自分は適応しつつ、適応できない子を「困った子」とみている限り、彼らの本心は聞けません。

コラム1

寝屋川市中学生サミットの取り組み

寝屋川市立第六中学校　冨田幸子

私は、寝屋川市中学生サミットのいじめ撲滅劇に当初から関わっています。彼らの「いじめをなくしたい」という気持ちに寄り添うことが私の関わりの中心にある思いです。

第一作の原案作成に深く関わった谷口君（寝屋川市立第十中学校＝当時）は「いじめは僕たちの中で起こっていて先生たちにはどうせわからないし、それはしょうがない。わかる僕たちが自分たちで何とかしなくちゃなくならない」と話したのが強く印象に残っています。

ある集まりで、あるおとなが「いじめは私たちの頃にもあったので、なくすのは無理だから、減らすことを考えるのが実際的だ」という主旨の言葉を話されました。とても理知的で論理的な話だったのですが、彼は「そんなこと言ったら、僕たちの取り組みの意味がなくなります。減らすのを目標にしたら、いじめがあるのを認めちゃうことになるので、そんな取り組みは意味がないと僕は思います」と力強く発言したのを鮮明に覚えています。

彼らのそういう強い思いは代々引き継がれ、もうかれこれ、7年目に突入し、彼らの劇も5作目です。1作目は既成台本に彼らの思いを挿入する形での脚本制作の協力をしまし

たが、彼らの思いが強すぎて、その形では無理になり、2作目以降は彼らからのアンケートから、彼ら自身がストーリーを考えた、寝屋川完全オリジナル作品に期せずしてなりました。

寝屋川市全中学校での劇の実施は正直、非常に骨が折れます。しかし、彼らの強い思いに引っ張られて私たちが元気づけられている感じが常にしています。彼らの活動が功を奏して、いじめの認知件数は半減しました。それを私は不用意にほめてしまったことがあります。彼らの一人は決然と「ゼロじゃないんだったら、先生、ほめないでください」。先輩の思いは完全に引き継がれていると感銘する一瞬でした。

第4節 「裸の写真をばらまくぞ」と脅された美砂希（中2女子）

私はずっと、「さゆり」のこと、同じ学年の女の子だと思ってました。ケータイを買ってもらったばかりの中1の4月にSNSで知り合いました。毎日、ミニメールで楽しく会話していて、本当に楽しかった。学校以外に友達がいて、顔を見ていないから、話しやすくて、いろいろグチったり、相談に乗ってもらったりしてました。

あるとき、「さゆり」が「自分は胸が小さいから悩んでる」とミニメールに書いてきたので、なぐさめようと思って、「私も小さいから大丈夫」みたいなこと書きました。いろいろ相談してたら、何となくお互いの胸を写メにとって見せ合おうということになったんだけど、「ゲームサイトのミニメールで、個人情報をやりとりしたら退会とかなる」そうで、「さゆり」が自分のケータイのメールアドレスを書いて写メで撮ったのを送ってきたんです。それからは携帯電話のメールでやりとりするようになりました。恥ずかしかったけど、ケータイのカメラでブラジャーのまま胸の写真を撮影して送りました。「さゆり」も送り返してきて、だんだん慣れてきて、最後にはブラジャーははずして送っちゃいました。

後になってわかったんですけど、「さゆり」と名乗ってた人、実は32歳の男だったんです。写真は、週刊誌とかそういうのを写したみたいです。私、本当にバカでした。

ある日、急に「これをおまえの友達にばらまくぞ。嫌だったら、下半身裸の写真を送れ」とメールが来たときには本当にびっくりしました。先生やお母さんに相談しようかと迷ったけど、「親に言ったら、掲示板に裸の写真あげて、学校名と名前書くぞ」とまで脅されて……。しかたなく、撮影して送りました。それがどんどんエスカレートして……。最後には、「会いに来い」ということになって、もう限界だと思って、学校の保健室の先生に相談したんです。

保健室の先生、「よく相談してくれた」と言ってくれて、本当に親切にしてくれました。警察に行って、あとはうまくやってくれて、「さゆり」は逮捕されたそうです。本当に私、バカでした。

◆1　美砂希の言葉からのヒント

表立っては聞こえてきませんが、美砂希のような事例は後を絶ちません。犠牲者が続かないためにも、私たちおとなは学ばなければなりません。

美砂希の言葉①　女の子だと思ってました

オンライン上の出会いでは、性別や年齢、居住地など、あらゆる情報で嘘をつくことができます。美砂希は、まったく別人の写真を本人だと信じていました。ネットの危険な側面の1つです。この危険性については、早いうちから子どもたちに充分に認識させておく必要があります。

美砂希の言葉②　ミニメールで、個人情報をやりとりしたら退会……

ミニメール上での出会いや個人情報のやりとりを阻止するための努力に、グリーやディー・エヌ・エー等の事業者は積極的に取り組んでいます。違反すると一定期間アクセスを禁止され、悪質な場合は退会処分になります。そのため「悪いおとな」は別サイトに誘導しようとします。信頼できるＳＮＳで出会ってから、別サイトに誘導して出会い目的でやりとりする。

こういう事例は残念ながら今でもあります。ここで注意を要するのは、最初の出会いの場が、例えばグリーのサイトであった場合は、警察等の統計上は、原因となるサイトはグリーとカウントされることです。このような数え方による原因論はいまだに続いていて、考慮することが必要です。

美砂希の言葉③　保健室の先生に相談

美砂希が直面したようなセンシティブな内容の相談は、保健室の先生である養護教諭に寄せられることが多いです。昔から、妊娠等の問題の相談は養護教諭に最初に持ちかけられることが一般的です。しかし、ネット上での不適切な出会いにまつわる問題の場合、養護教諭では対処方法がわからず、お手上げになってしまうことも多いのが現状です。日本の場合、ネット上の問題に関する知識を、まず養護教諭に持ってもらう必要があると考えています。

◆2　美砂希の言葉をまとめると

このような被害者を二度と出さないためには、被害がわかった段階でおとなに相談できる体制づくりが急務です。また、子どもたちが安心して相談できるおとなであることが必須です。相談してもらえれば、当然、犯罪行為なので、法的な対処が可能であり、子どもの安全は守られます。

この種の犯罪は親告罪と呼ばれ、被害届が出ないと警察は捜査も逮捕もできません。泣き寝入りでは同じような犯罪が繰り返され、結果として、被害者が増えてしまいます。子どもたちが本当に困っているとき、相談できるおとながいれば、このような悲劇は繰り返されません。

子どもたちにとって、私たちおとなが、秘密を守って対応してくれる存在なのかどうかが肝要です。

こう考えると、ネット問題の対策においては、最新のネット作法や機器使用方法がわかることは枝葉です。根幹は思っている以上にアナログで、今までの時代と変わらないかたちで、おとなの資質が問われているといえるでしょう。

まかせて!

コラム2

ネットから離れて現実を見よう

一般財団法人インターネット協会主幹研究員　大久保貴世

14歳の女子中学生より相談が寄せられた。「SNSで知り合った相手に自分の秘密を伝えたら、あるサイトの掲示板にその秘密を書かれてしまった。恥ずかしくて夜も眠れません」。相手の裏切り行為と自分の秘密暴露のダブルショックである。自分の名前でネット検索してみたところ、自分の実名と写真、そしてこの「秘密にしていたコト」がセットになって掘り出された。便利な検索機能が逆に恐ろしい機能となってしまったのだ。自分の秘密が学校の友達やたくさんの人に見られる心情を察するといたたまれない。書き込みの内容がサイトの利用規約違反であれば削除依頼により消してくれるが、すぐに消してくれなかったりまったく消えない場合もある。彼女は『何となく』相手に気を許してしまい、身近ではないネットの相手ならば話しても大丈夫だろうと自分の秘密や悩みを伝え、まさかその相手が自分の秘密を暴露するなんて思いもよらなかったと言う。

彼女へ掲示板の削除依頼方法を教えたところ、幸いにもそのサイトの利用規約違反に該当する個人情報の書き込みだったので削除されたが、一方で、そのネット友達とどのよう

インターネットを利用するためのルールとマナー集（こどもばん）
出典：http://www.iajapan.org/rule/rule4child/v2/

に決別するのか（または和解するのか）、相当な努力を要することが想像できる。そして、ネットの相手の正体を見抜けなかった未熟な自分を悔やむことになる。ＳＮＳの利用規約では、個人情報の取り扱いや禁止行為、その理由なども書かれているが、規約を熟読する青少年はほとんどいない。ネットでは注目を集めるために自己主張しないといけないような雰囲気や、友達になったら「嫌われたくない」「もっと仲良くなりたい」といった理由で、自分のことを必要以上に『何となく』話してしまうことがあるようだ。

　インターネット協会は、インターネット普及初期の１９９９年にインターネットを利用するためのルールとマナー集を作成し、2004年に子ども版を改訂した。「自分の身は自分で守る」「相手のことを思いやる」「声や表情は伝わらない」など、ネットを楽しく安心して利用するために、身につけること、覚えておく基本を説明している。相談も寄せられるようになり、トラブル予防対策や解決方法を教えたり、講演先で先生や青少年からネット利用実態を聞いたり相談に応じたりしている。

インターネット協会の私が言うのは矛盾があるが、「思春期はネットに振り回されないように、現実も見据えることが大切」と言いたい。ネットから一時離れ、現実の世界でいろいろな人がいることを知り、現実の場で鍛えられ、異性や同性の見る目を現実の場で養うことができる。そして、ネットの世界に戻ったとき、「ここでの投稿は注意が必要」「この人は優しそうに見えて、実は恐いに違いない」と、ネット上で責任のとれるふるまいができるようになる。いきなりネットデビューするのではなく、その前に現実で体験をしっかり重ねていくべきだろう。

ところで、相談後の報告がほとんどないのは残念である。「ネットトラブル克服体験」「みんなに教えたいネット楽しみ術」があったら、インターネット協会に寄せてください。その実体験こそが、ネットを楽しく安心して利用するための大きなヒントになるのだから。

第5節　ネトゲ依存、引きこもり寸前から復帰した雄介（高3男子）

1日12時間はネトゲ（ネットゲーム）してた。30万人のプレーヤーの中で20位。優越感は、ハンパなかった。リアルでは、勉強もそんなにできるわけないし、そんなにイケメンでもないから、どちらかというと「非リア」だったけど、ネット上では「リア充」。ランクが下の連中が尊敬してくれて、近くの街でオフ会したら、会うためにわざわざ新幹線に3時間乗って会いに来てくれた。ネットカフェでゲームして、「すごいですね」って。

優越感。順位が下がったら逆に危機感。バイトして、5万円課金したことも。ちょっと「?」だったけど、優越感、保つためだったら、安いもんだと思ってました。

高1の夏頃から4時頃学校から帰ってパソコンつけたら、スカイプ＊の画面の向こうでネトゲの友達が待ってて「おかえり～」って。やつら、学校行かないから、ずっとパソコンの前に座ってる。そのまま翌朝4時くらいまで12時間。朝、眠くて起きられなくてしょっちゅう遅刻。そいつらとべったりになって、学校もだんだん休みがちになってた。当時の僕は、ネットの世界がホントの世界で、学校での自分は仮の姿のように感じていました。

そのまま高2の3月、ネット上で25歳くらいの人から「おまえ、ずっとそんなんじゃあかんぞ」とアドバイスしてもらって、はっとした。このままじゃ、高校にも行かなくなって、引きこもって、親のすねかじって、ニートになってしまう……。お母さんはずっと、「あんた、いい加減にしないと……」とずっと心配してくれたし、お父さんも口うるさく言わなかったけど、弟に「兄ちゃん、大丈夫か?」と相談してくれてるって僕は知ってた。今しかないと思った。「お母さん、お父さん、ごめんなさい、すぐにゲームの登録消すから」。そこからは早かった。ネットでの体験者から言われたから納得できた。他の人に言われたら、素直に聞けなかったかもしれない。

今高3。国公立大学を目指して受験勉強中。ゲームばかりでサボってたから、なかなか難しいけど精一杯やろうと思ってる。ゲームの優越感の向こうには何もなかったけど、勉強して努力してもし成績上がったときの優越感の向こうには、大学も就職もついてくるし、お父さん、お母さんも喜んでくれる。間に合うかわからないけど、やってみる!

＊スカイプ　マイクロソフト社が提供する、ビデオ通話機能もある、インターネット電話サービス。

◆1 雄介の言葉からのヒント

雄介の言葉① ネトゲ

ネトゲは「ネットゲーム」の略で、「オンラインゲーム」とも呼ばれます。ネットで他のユーザーと交流しながらゲームができるのです。

雄介の言葉② リア充、非リア

「リア充（じゅう）」は、「リアル（現実）の生活が充実している人物」を指す2ちゃんねるという巨大電子掲示板発祥の用語です。「彼氏（彼女）がいる」くらいの意味で使われる場合もあります。「非リア」は「リア充」の反対語で、「非リア充」、つまり「リアル（現実）の生活が充実していない人物」を指します。

雄介の言葉③ オフ会

オフ会とは、「オフラインミーティング」の略で、インターネット上で掲示板やチャット等の方法を使って知り合った者同士が、実際に集まって話をしたり、遊んだりすることを指します。ここでの「オフ」は、「オンライン」の逆の意味の「オフライン」、ネット上ではなくという意味合いです。

雄介の言葉④　5万円課金

ここでの「課金」とは、ゲームを有利に進めるためのアイテム（武器など）をお金をかけて購入するために、お金がかかることを意味します。実際には、Webマネー（ネット上で使えるお金）をクレジットカードやコンビニでのカード購入によって入手します。高額課金が社会問題になったので、SNS各社は、18歳以下の課金は1か月あたり5千円を上限にする等の対処をしています。

雄介の言葉⑤　体験者から言われたから納得できた

多くの子どもたちが異口同音に、「ネットのことを知らない人からいくら言われても心に響かない」と言います。ネット上の心地よさや、逆にネット以外のつらさがあってネットに逃げている心境など、ネット依存を経験した者にしかわからない、悲しさやつらさがあると言います。依存から復帰した子どもたちの声を、依存から抜け出せない子どもたちが聴く機会があるといいのかなと思います。現在、彼らの声をできるだけ多くの子どもたちゃ保護者、先生たちに伝えようと思い、ビデオ制作に取り組んでいます。

雄介の言葉⑥　優越感は、ハンパなかった

雄介は、ネット上で、リアル（現実）社会では得られない優越感、言い換えれば自己有用感を感じていたと言います。その優越感を保つためなら、5万円の課金も惜しくなかったと話す通り、リアル社会で得られない優越感を、長い時間と高いお金を費やして、ネット上で得ていたのでしょう。「勉強もたいしてできない」「後輩にもバカにされることもあった」雄介にとって、ネット上の自分の存在感はかけがえのないものだったと思います。

ゲーム上の仲間との出会いは、雄介にとって決して無駄ではなかったと思いますが、彼は、「この優越感の向こうには何もないと気づいて抜け出した」と話します。ゲームの世界での時間も、彼にとって決して無駄ではなかったと思いますが、日本中の多くの若者が、彼の言う「何もなさ」に気づけないまま、ネットの中に逃げ込んでいるとしたら、切ない限りです。スポーツに熱中する子ども、勉強を頑張る子どもと、オンラインゲームに夢中になる子どもに実は大きな差はないのかもしれません。違いは、その向こう側に何が待っているか、です。それを子どもたちに正確に伝えるのも、私たちおとなの役目だと思います。

雄介の言葉⑦　お母さん、お父さん、ごめんなさい

雄介は、依存状態に陥っているときに母親や父親からかけてもらった言葉を覚えています。すぐには聞けなかったのですが、自分のことを思ってかけてくれているとは感じていたのです。時期が来て、その言葉を思い出すことができたことも、雄介が、何もない世界から抜け出す大きな力となったはずです。愛情深い言葉は、あとから効くこともあるようです。

◆2　雄介の言葉をまとめると

ネットに逃げ込む子どもたちの動機は、「楽しい」「おもしろい」からだけではないことがよくわかります。リアル社会で得られない優越感であったり、時には友達であったり、何となく感じる一体感であったり、そんなものをネット上で探しているのかもしれません。私たちおとなが彼らにできることは、彼らのリアル社会に「楽しい」「おもしろい」と感じるものを用意するのが最も近道だと思います。

雄介は、今、高校で生徒会執行部として張り切って活動しています。そこにいい仲間が

できたと言います。だからこそ、ネットの世界に戻らなくてもいいのだと彼自身が話していました。

こう考えると、巷《ちまた》でよく言われる、「ネットが悪い」「ＳＮＳは危ない」とかいう言説がいかに的外れなものかがわかります。悪いのは「ネット」でも「ＳＮＳ」でもありません。彼らがリアル社会に安心できないことを、何とかしないといけないのです。

コラム3

海外のネット問題と対応：インターネット・オンラインゲーム依存

東京福祉大学　青山郁子

スマートフォンは通話のための端末だけでなく、1台でインターネット、ゲームのプレイ、メールやチャット、音楽・動画再生などができるので、子どもたちが夢中になるのも無理はありません。なかでもオンラインゲームはおとなにも人気があります。日本オンラインゲーム協会、JOGA（2011年）によると、オンラインゲーム市場は2千365億円に及び、ゲームに没頭し日常の対人関係や学業に支障が出る等の問題が報告されています。

欧米にはインターネットやオンラインゲーム依存について10年以上積み重なってきた研究知見があります。アメリカでは8～18歳のゲームユーザー1千178人のうち8・5%が病理的なギャンブラーに似た行動を示すゲームユーザーだとされ（Weinstein, 2010）、ドイツでは7千人のゲームユーザーのうち、12%がインターネット依存症と判断されました（Grüsser, Thalemann & Griffiths, 2007）。シンガポールの3千人超の子どもを対象とした2年間の追跡調査で、約10人に1人がゲーム依存症で、うつや不安を感じる傾向が高く、学業成績も低下していることが明らかとなっています（Gentile et al., 2011）。韓国でもインターネットやオンラインゲーム依存の問題が深刻なため、政府主導で２００４年からインターネット依存症に関する調査が毎年行われ、予防的教育・カウンセリング・専門家のトレーニングを広く提供することによって、インターネット依存症状の減少が顕著に見られたとの報告がされています（Korea Information Security Agency, 2010）。しかし、日本では大規模調査は報告されておらず、学術面、予防的措置や治療面で遅れをとっている状況です。

子どもたちがスマートフォンやインターネットを使うことのリスクは十分理解しておく必要がありますが、悪影響だけに着目して子どもたちから完全に遠ざけてしまうのも非現実的です。実際に、アメリカのPeW財団が2千人以上を対象に行った調査によれば、ネット利用者は地域社会での活動（チャリティーや政治活動など）で積極的であり（Pew Internet & American Life Project, 2009）、Ｅメールの積極使用が、友人関係の維持や、新しい友人関係やソーシャルネットワークの拡大に役立っているという調査結果もあります（Howard Rainie & Jones, 2001）。ネット利用のリスクと長所の両面を踏まえた上で、今後のメディアリテラシー教育・情報モラル教育を考えていくことが大切だと言えます。

第 2 章

調査から見るネットでの子どもの実態

～調査研究の最前線から～

筆者らは、最前線で子どもとネット問題の調査研究を行っている。
その知見の一部を紹介する。

第1節　スマホを使う子どもたち

「スマホ依存」「スマホは危ない」……。巷では、スマホは非常に評判が悪いようです。しかし、スマホ使用者の精緻な実態調査は今のところ、あまりなされていません。

そこで、私の研究室では、寝屋川市教育委員会の協力を得て、スマホ使用者の実態調査を行いました。また、私は総務省（近畿総合通信局）「スマートフォン時代に対応した青少年のインターネット利用に関する連絡会」の座長をしております。また、２０１２年から研究室に出入りする学生たちとソーシャルゲーム研究会を立ち上げ、スマホによるソーシャルゲームについて産官学が連携して、子どもたちを守り育てるシステムを創り上げていくことになっています。実態調査なくしては、対策の方針もわからないからです。

大学生は、当事者でもなく、おとなでもなく、いわば、『ナナメの関係』として貢献してくれています。「先生、今はパズドラというネットのゲームですよ」と教えてくれたのも学生たちです。彼らの視点、重要です。

毎　日　新　聞

くらしナビ／学ぶ

上手なスマホ利用　対話から

課題に挑む

兵庫県立大環境人間学部・竹内研究室 ㊦

携帯電話、スマートフォン（スマホ）の危険から子供をどう守るか――。兵庫県立大環境人間学部の竹内和雄准教授（生徒指導）のゼミ生が3月下旬、対策を探るワークショップを開いた。自身の体験を踏まえながら、スマホでのゲームの魅力に陥りやすい実態について意見を交わし、現状を分析。ワークシ [illegible]

携帯電話の安全な使い方について、教師の立場で考えたアイデアを発表する学生たち。「部活動に必ず参加」「宿題を増やす」などの案が出たが……＝兵庫県姫路市の兵庫県立大で

[illegible]

●大人の立場で意見

[illegible]

●子供と話し合いを

[illegible]

●最後は「アナログ」

[illegible]

（毎日新聞2013年4月1日全国版）

コラム4 「スマホの奔流」の中で立ち止まる勇気を

日本経済新聞編集委員　攝待　卓

「学生なら3年間基本使用料無料」「家族も入るとさらにお得」等々。未成年の契約を誘う携帯電話会社のCMを見ない日はありません。そして売っているのはほとんどがスマホ。ですが従来型携帯電話と違い、スマホは小型のパソコンです。人の目の届きにくいところで、そんな端末を子どもが持つ危うさをどれだけの親が理解しているでしょうか。「スマホの奔流」に流されず、立ち止まって考えたいものです。

子どものネット上のトラブル相談を受けている全国webカウンセリング協議会（東京都港区）によると、ネットいじめなどこれまでと同様のものに加え、スマホ特有のトラブルが追加になっているそうです。具体的には、①無料アプリをダウンロードすると、性的な広告が表示される、②LINE《ライン》やソーシャルゲームをずっとやり続ける依存に陥る、③Twitter《ツイッター》で他人になりすまして書き込む、④スマホで撮った、人が嫌がる動画を勝手に動画サイトにアップする――などです。同協議会の安川雅史理事長は親の心得として、まず「なぜスマホを子どもに持たせたいのか、を考えるべき」と強調しています。「何かの際に連絡がとれるように」であれば、従来型携帯電話やPHSで十分です。特に地震など天災に備えるなら、つながりやすいPHSが有効です。ただそうはいっても、従来型よりスマホが安いことが多く、LINEがしたいからスマホという子どもの声にも抗しがたいものでしょう。ならば「親も一緒にスマホに替えて一緒に使い方を勉強するのがいい」とすすめています。有害コンテンツを遮断するフィルタリングも携帯電波用のもの、ウェブブラウザー用のもの、アプリ用のものと複雑化しており、積極的に学ぶ姿勢が必要です。

実は奔流に巻き込まれていることに、子どもたちも気がついています。一般社団法人モバイルコンテンツ審査・運用監視機構（東京都港区）は2011年から、子ども自身がネット環境などについて考え、政策提言をする「高校生熟議」を開催しています。2012年度はスマホがテーマでした。同年12月に全国から集まった高校生がまとめた提言の結論は「スマホについて考える時間」を求める、というものでした。当時高校3年生で熟議に参加した現在大学1生の女子学生は「何も考えずにスマホを触っていた面があり、依存に陥ったり、目が疲れたりする悪い点に気づいてなかった」と話しています。熟議後、電車の中では意図的にスマホの電源を切って本を読んだり、中吊り広告を見たりして過ごすようになったと言います。

同様の気づきに子どもたちを導くのは、やはり大人の責任ではないでしょうか。

第2節　スマホ・アンケート調査

私の研究室では、2012年春（5月）と冬（12月）に、大阪府公立の小中学生2千592人（小学生1千583人、中学生1千9人）対象にケータイ・スマホアンケートを実施しました。小中学生のスマホ率（全携帯電話所持者の中のスマホの割合）が、たった5か月の間に著しく増加し、中3では3割以上がスマホを所持しています。小学生でも1割以上はすでにスマホ所持です。小中学生にもスマホの波は来ていることが明白です。内閣府の昨年度の調査では、高校生では、すでに過半数を超えていることがわかっています。

スマホは、ガラパゴスケータイと呼ばれる今までの携帯電話（以下、ガラケー）とさまざまな点で異なります。まず、その高い操作性。パソコン並みの性能を持っているため、いろいろなことができます。さらに、ガラケーがインターネットに3G回線でつながるのに対して、スマホはパソコンと同じWi-Fi回線でもつながります。フィルタリングが3G回線全体に設定されていたため、旧来のフィルタリングがWi-Fiでは対応できないなど、日本社会が大きな課題を抱えています。状況は改善しつつありますが、まだ手つかずの問題も多々あります。

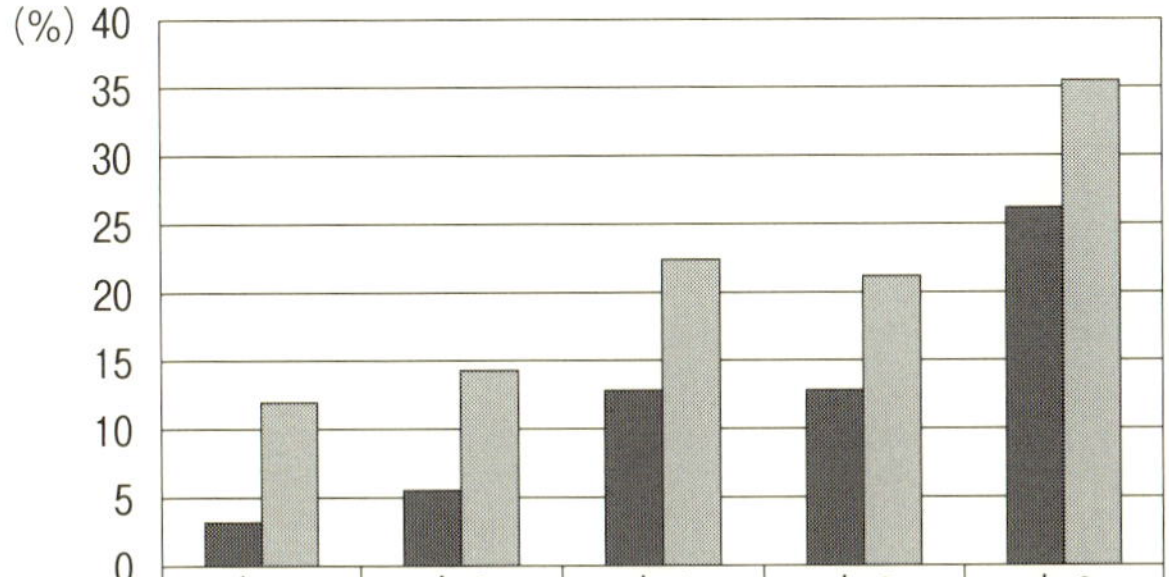

	小 5	小 6	中 1	中 2	中 3
■ 2012年春	3.1	5.5	13.1	12.8	26.3
□ 2012年冬	11.9	14.2	22.4	21.3	35.4

スマートフォン所持率（男子）

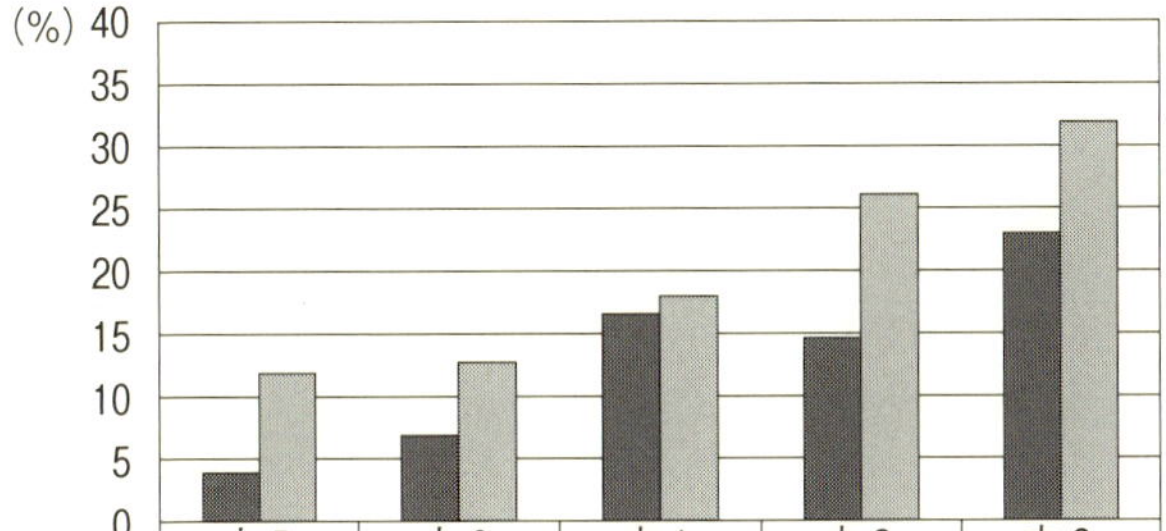

	小 5	小 6	中 1	中 2	中 3
■ 2012年春	3.7	6.9	16.7	14.6	23.0
□ 2012年冬	11.6	12.7	17.9	26.0	32.0

スマートフォン所持率（女子）

アンケート調査の結果を紹介しますが、あくまでも数字しかわかりません。驚くべき結果ですが、安易に「スマホは危険だ」と結論づけるのは早計です。ここでは就寝時間、イライラ感、勉強の自信についての結果を示しますが、原因はすべてがスマホとは判断できません。今後の精査が必要です。しかし、スマホを持っている層に何かが起こっている。そう判断する根拠にはなるでしょう。今はその段階です。

携帯電話を持っていない子ども（９１６人）と、ガラケーを持っている子ども（９１１人）、スマホを持っている子ども（４２５人）を比較しましたが、ここまで差が出るとは思っていませんでした。びっくりしています。左は就寝時刻です。アンケート調査から原因はわかりませんが、スマホを持っている子どもは、そうでない子どもに比べて就寝時刻が遅いことがわかります。私のゼミの学生たちは、「ゲームかLINEやな」と言っていますが、詳しいことはわかりません。より詳しい調査が必要でしょう。

12時より遅く寝る

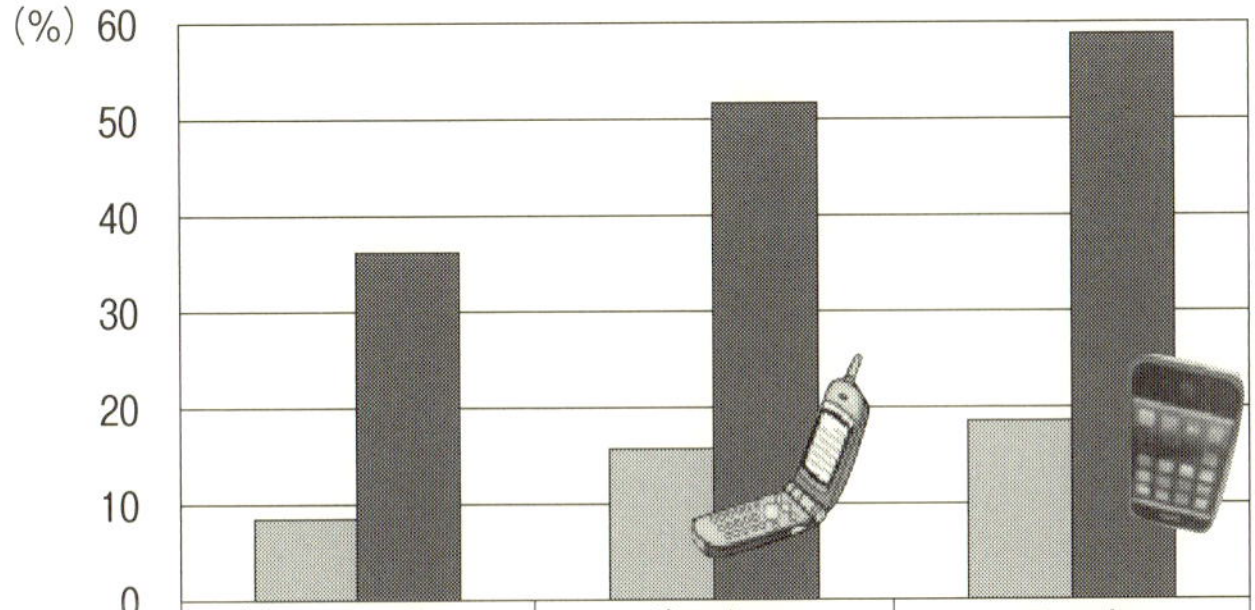

	持っていない	ガラケー	スマホ
小学生	8.5	15.6	18.4
中学生	36.5	51.6	58.7

他にも多くの質問で、スマホを持っている子どもは特徴的な回答をしていますが、私が特に危機感を覚えたのは、「イライラする」「勉強に自信がない」と答える割合の多さです。即断はできませんが、可能性としては、睡眠時間が短いことが関係しているのかもしれませんし、ゲームやメール、LINE等をしているのかもしれません。さまざまな可能性が考えられる、としかまだ言えません。今後、インタビュー調査等を実施していくことになっています。

スマホを持った子どもたちに何が起こっているのでしょうか。これから私たちは、彼らに起こっていることを注意深く分析していく必要があると思います。

スマホ化の波はもう止めることはできないでしょう。販売店で市販されているのは、もうほとんどスマホです。危険を訴えたり、犯人捜しをしていても埒《らち》があきません。対策を考えていきましょう。

イライラする

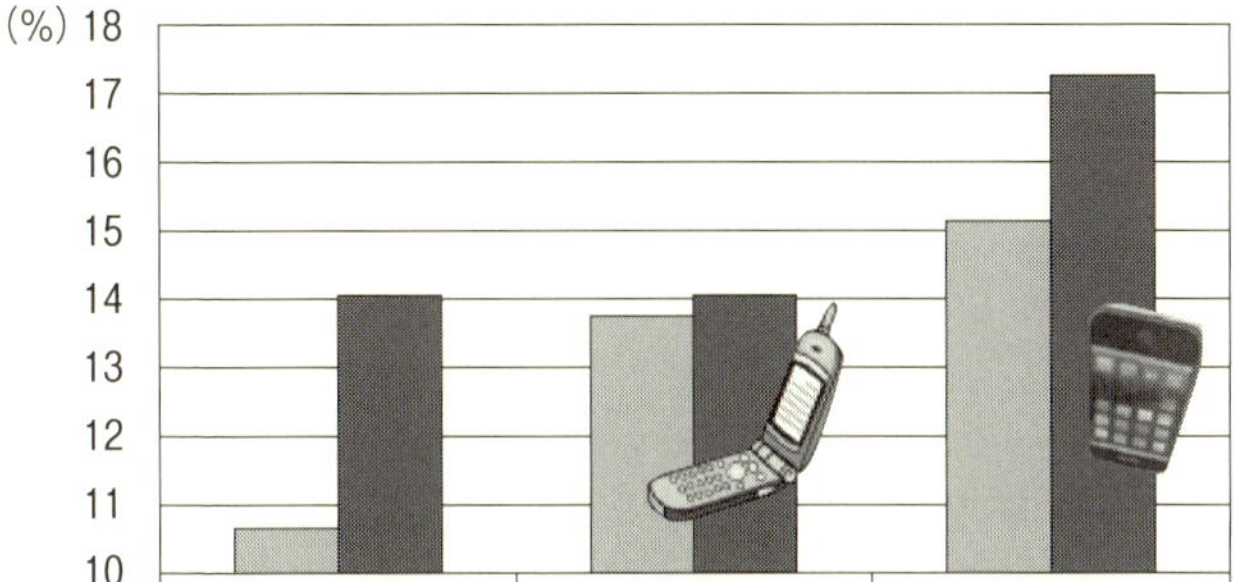

	持っていない	ガラケー	スマホ
小学生	10.7	13.8	15.2
中学生	14.1	14.1	17.3

勉強に自信がない

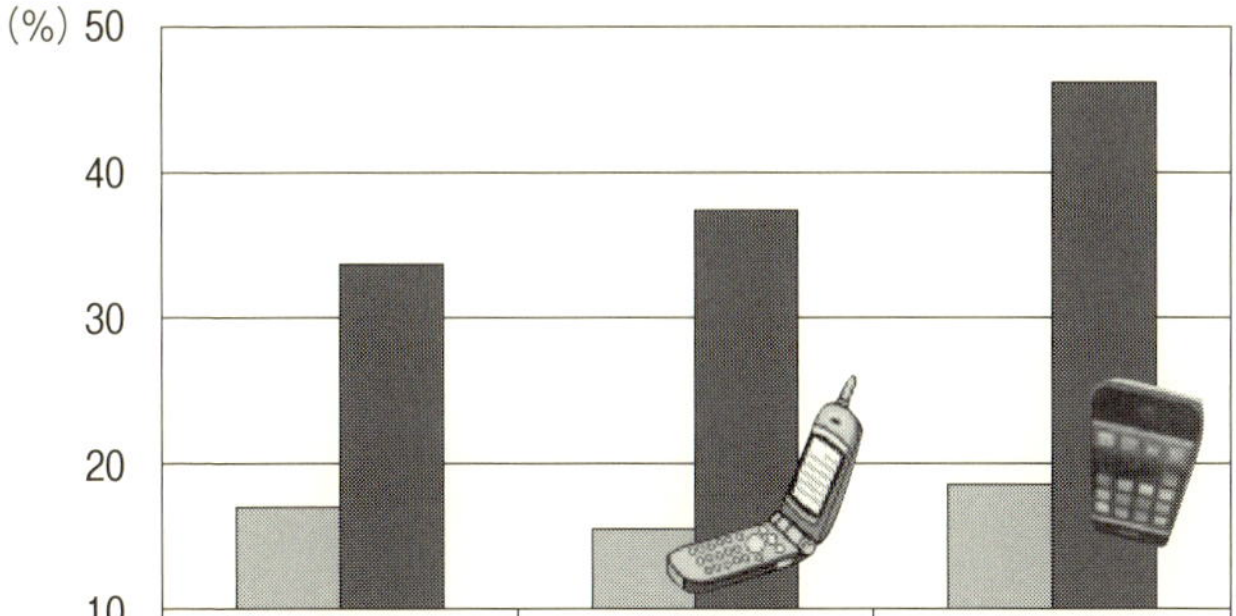

	持っていない	ガラケー	スマホ
小学生	17.0	15.6	18.5
中学生	33.6	37.4	46.2

第3節　ネット上のふるまい調査

◆1　ネット上のふるまい調査概要

中高生へのインタビューから、携帯電話やパコソンでの被害は、「チェーンメール」「出会い系・アダルトサイト等からのメール」「ネットいじめ」「架空請求」「個人情報流布」の5つに大別できることがわかりました。そこで、筆者は、滋賀県と大阪府の中学生1千361人を対象に、ネット上でのふるまい調査を行いました。具体的には、ネット上での被害経験および危険行為、犯罪行為等に関する質問をしました。

放っておくと子どもは、被害者にも加害者にもなってしまいます。ちょっとした働きかけで、悲しい思いをする子どもが減るのであれば、私たちおとなの役割は重要です。

そのためには、まずネット上での子どもたちの被害実態、加害実態を知る必要があります。

◆2　携帯電話等での被害経験

調査結果を見て、私たちの想像よりかなり多くの子どもたちが被害に遭っていることがわかりました。実施6校の生徒指導の先生にも聞いてみましたが、生徒の被害についてほとんど把握していませんでした。知っていても年間1～2事例程度で、「うちの学校は、ネット被害はほとんどないはずです」と異口同音に話していました。

知らない先生方を責めることはできないと感じています。生徒たちはあえて、先生に話していないことがわかってきたからです。「先生はどうせ知らない」「相談したら、引っかきまわされそう」「だからケータイ持つなと言ってるだろ！　と逆ギレされそう」。この状況は深刻です。アンケートだけでは深刻さはわかりませんが、彼らが深刻な被害に遭ったとき、誰にも相談できないとしたら悲劇です。どうすれば彼らに相談に乗ってもらえるおとなになるか、どういう点がポイントか、生徒から学ぶ姿勢を私たちおとなは持つ必要があります。

チェーンメール被害経験

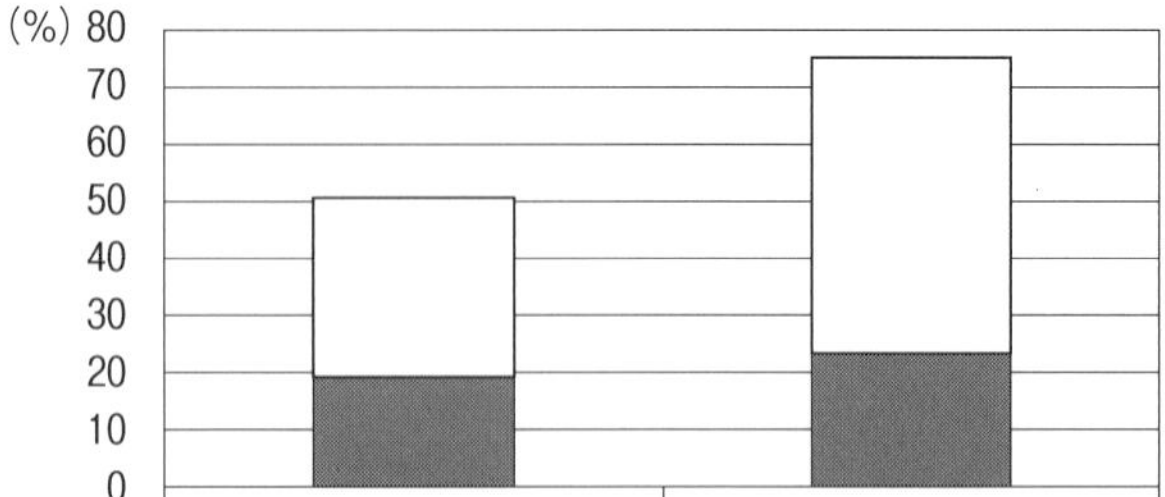

	男子	女子
□ 何度もある	31.6	52.0
■ 一度はある	19.3	23.7

①チェーンメール

最も多いのは、チェーンメール。5人以上に送らないと不幸が来るとか、送ると幸せになれる等が多いのですが、止めると暴力団の報復があるなどと書かれており、子どもたちにとっては恐ろしい内容です。

女子では実に75%に被害経験があります。

ネットの仕組みから、途中で止めても誰も絶対にわかりません。誰かが一度、子どもたちに伝えさえすれば、この種の被害は激減します。

最近、またチェーンメールの被害が激増しています。友達の恥ずかしい写真を盗撮して、チェーンメールにして一瞬にして広める手口のいじめが頻発しています。スマホは、シャッター音のしないカメラのアプリをダウンロードできるので、ガラケーに比べて簡単に隠し撮りができてしまいま

チェーンメールの捨て場

sutebameiwaku-1@yahoo.co.jp

sutebameiwaku-2@yahoo.co.jp

sutebameiwaku-3@yahoo.co.jp

sutebameiwaku-4@yahoo.co.jp

sutebameiwaku-5@yahoo.co.jp

⋮

す。恥ずかしい場面を盗撮されてチェーンメールで流された被害を多く耳にします。

このような悪質ないじめは、犯罪の可能性があります。チェーンメールを転送しただけでも罪に問われる可能性もあるので、子どもたちには、チェーンメールは人に送ってはいけないことをきっちりと教える必要があります。

教えても、やっぱり気になってしまう子どもたちのために「チェーンメールの捨て場」を用意しています。気になるチェーンメールはここに送信するように指導します。そうすると子どもたちも納得します。5までしか書いていませんが、実際は10まで用意していますので、子どもたちに紹介してあげてください。

②出会い系・アダルトサイト等からのメール

男子で16％、女子で20％が、出会い系サイトやアダルトサイトからのメールを受け取ったことがあります。

以前は、そういうメールが来て、URLをクリックしても、フィルタリングが設定してある携帯電話ではアクセスすることができませんでしたが、今のスマホにはフィルタリングがかかっていないことが多く、また、Wi-Fi回線へのフィルタリング設定は難しいのでなされていない場合が多いです。つまり、子どもたちにとって、出会い系やアダルトサイトへのアクセスは実は、かなり一般的になってしまっています。

男子のほうがスマホ所持者が多いことは先ほどのグラフからわかりますが、子どもたちは、にやっと笑って「スマホのほうが動画の読み込みが速い」と話します。はっきりと語りませんが、一部の子どもはアダルト動画を速く見る目的でスマホを購入しているのかもしれません。性的な興味を中学生が持つのは当然のことですが、ネットに流布しているアダルト動画は、ひどいレイプシーンや盗撮など、見るに堪えないものも含まれるそうです。

ケータイ・スマホでの被害経験

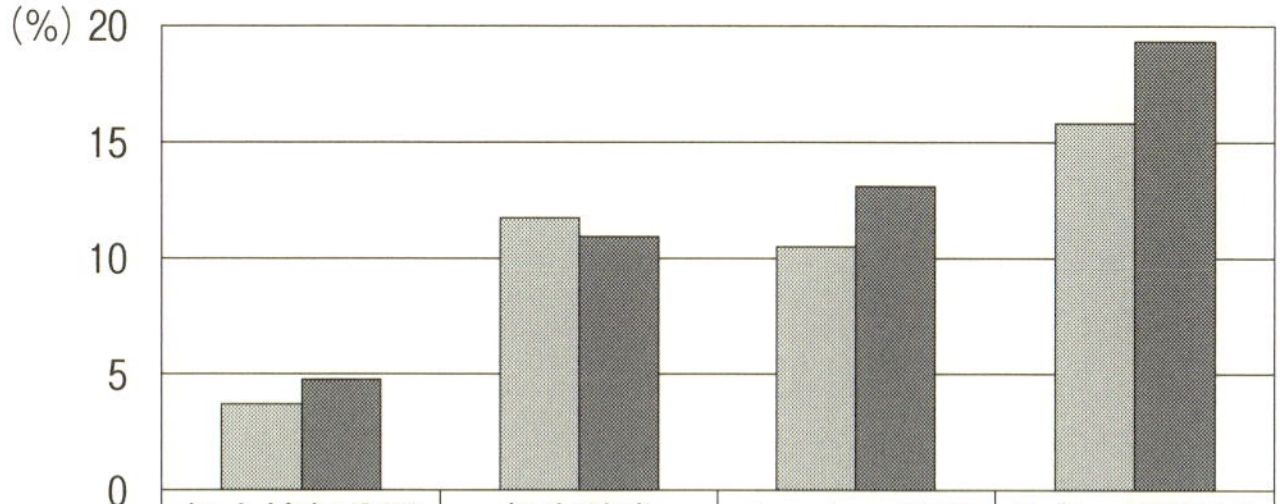

	個人情報公開	架空請求	ネットいじめ	出会い系等から
男子	3.8	11.8	10.6	15.9
女子	4.8	11.0	13.2	19.4

③ネットいじめ

ネットいじめ、つまり、ネットでいやなことを書かれた経験を持つ生徒が男子で11％、女子で13％います。40人の学級では4人くらいいる計算で、看過できない状況です。

しかし、子どもたちは、「親も先生も、どうせ何も知らないし、言うとややこしくなる」とおとなに相談しようとしません。まずおとなの側の知る努力が必要でしょう。

学校としては、次の対策がいいと思います。

①専用の相談窓口を作る
②何度も担当の先生が生徒に呼びかける
③対処は本人と相談して決めると強調する

特に③が重要で、子どもがこの言葉を信用すれば、相談は飛躍的に増えます。しかし、想像以上に子どもの教師への目は厳しいです。

相談があっても、極力大騒ぎせず、子どもから状況をしっかり聞き、子どもがどうしてほしいかをゆっくりと聞いて、一緒に対処方法を考えることが必要です。その中で、子どもたちはおとなを信用していきます。

今はかなり減りましたが、掲示板等への悪意ある書き込みについては、次ページ上にある機関などに相談すると削除依頼の方法を丁寧に教えてくれます。勝手にやってしまうと火に油を注いでしまうこともあり、危険です。

郵便はがき

料金受取人払郵便

京都北郵便局承認

6066

差出有効期間
平成27年6月
18日まで

切手は不要です。
このままポストへ
お入れ下さい。

603-8789

028

京都市北区紫野
十二坊町十二—八

北大路書房
編集部 行

（今後出版してほしい本などのご意見がありましたら，ご記入下さい。）

《愛読者カード》

書　名

購入日　　年　　月　　日

おところ（〒　　－　　）

（tel　　－　　－　　）

お名前（フリガナ）

男・女　　歳

おなたのご職業は？　〇印をおつけ下さい

(ア)会社員　(イ)公務員　(ウ)教員　(エ)主婦　(オ)学生　(カ)研究者　(キ)その他

お買い上げ書店名　都道府県名（　　）

書店

本書をお知りになったのは？　〇印をおつけ下さい

(ア)新聞・雑誌名（　　）　(イ)書店　(ウ)人から聞いて
(エ)献本されて　(オ)図書目録　(カ)DM　(キ)当社HP　(ク)インターネット
(ケ)これから出る本　(コ)書店から紹介　(サ)他の本を読んで　(シ)その他

本書をご購入いただいた理由は？　〇印をおつけ下さい

(ア)教材　(イ)研究用　(ウ)テーマに関心　(エ)著者に関心
(オ)タイトルが良かった　(カ)装丁が良かった　(キ)書評を見て
(ク)広告を見て　(ケ)その他

本書についてのご意見（表面もご利用下さい）

このカードは今後の出版の参考にさせていただきます。ご記入いただいたご意見は無記名で新聞・ホームページ上で掲載させていただく場合がございます。
お送りいただいた方には当社の出版案内をお送りいたします。

※ご記入いただいた個人情報は、当社が取り扱う商品のご案内、サービス等のご案内および社内資料の作成のみにご利用させていただきます。

ネット関連相談窓口

インターネットホットライン連絡協議会

FAX（03-6435-6695）

http://www.iajapan.org/hotline/

警視庁　インターネット安全・安心相談

http://www.npa.go.jp/cybersafety/index.html

④架空請求・ワンクリック詐欺

架空請求・ワンクリック詐欺の被害経験が男女とも1割を超えています。

架空請求とは、「不特定多数にメールを送信してくるものです。メールに記載されているURLにアクセスするとアドレスが相手に認識されてしまい執拗な請求メールが届くようになります。」（東京くらしWEB http://www.shouhiseikatu.metro.tokyo.jp/）。その代表的なものがワンクリック詐欺で、「例えば『18歳以上ですか?』で『はい』をクリックしたり無料サンプル画像をクリックしただけで請求画面が現れます。これは利用者を不安にさせて短期間でお金を振り込ませる手口です。」（同）

犯罪の可能性のある行為（ネット上）

①「学校で大量殺人」と掲示板
②「○○死ね」「○○うざい」と掲示板
③「○○はカンニング」「○○は援交」と掲示板
④「おまえを殺す」とメール
⑤ＩＤ、パスを聞き出し、プロフを書き換え

◆3　ネット上の犯罪行為

ネット上で子どもたちはさまざまな失敗をしてしまいますが、最も悲しいのが、子ども自身が犯罪者になってしまうことです。本調査では、犯罪の可能性のある、５つの行為について質問しました。

５つは、中学生への事前調査で、「見たり聞いたりしたことのあること」の多かったもののうち、犯罪の可能性のあるものです。

具体的には、「しようと思ったこと（企図）」「実行したこと（経験）」の両方の有無を聞いています。

犯罪可能性のある行為経験

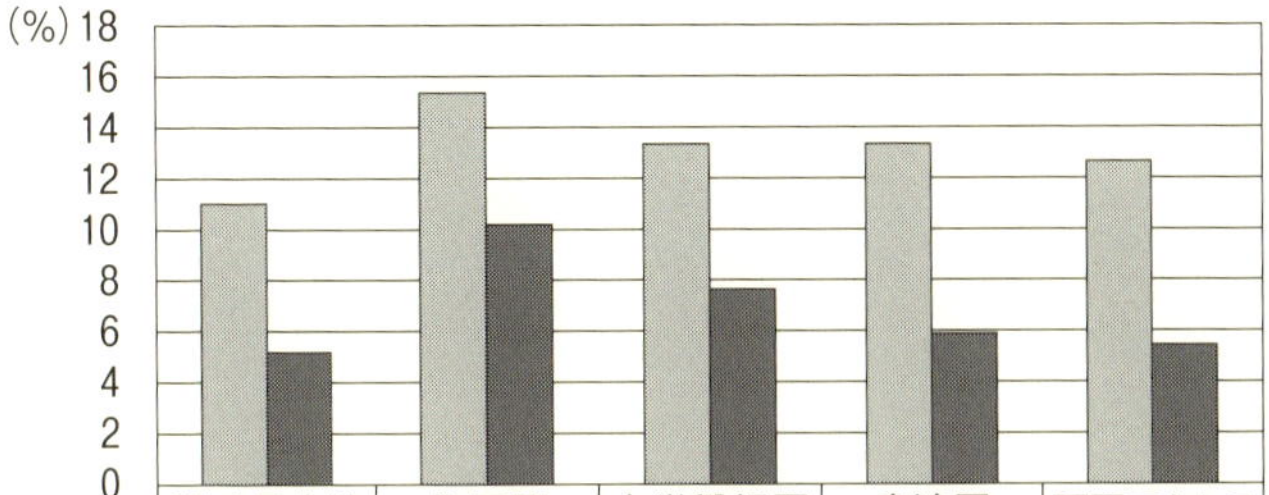

	爆破予告等	侮辱罪	名誉毀損罪	脅迫罪	不正アクセス
□男子	11.0	15.4	13.4	13.4	12.6
■女子	5.1	10.2	7.6	5.9	5.4

この割合自体、驚くべきことです。私たちの想像以上に、子どもたちは危ない状況かもしれません。侮辱罪の可能性のある行為を男子の15％以上が経験しています。以下、補足です。

①「○学校を爆破する」と掲示板に書くと、学校が休校になったりすることもあるため、威力業務妨害罪の可能性。

②「○○死ね」「○○うざい」と掲示板に書くことは、侮辱罪の可能性。

③「○○はカンニング」「○○は援交」と「具体的なことを掲示板に書くと、名誉毀損罪の可能性。

④「おまえを殺す」とメールに書くことは、脅迫罪の可能性。

⑤他人のID、パスを聞き出し、プロフ（プロフィールウェブサイト）を書き換えることは、不正アクセス禁止法違反の可能性があります。

①新聞報道から

新聞には多くの子どもが実際に逮捕されている事例が数多く紹介されています。それを見せるだけでも、子どもにはかなりの抑止力になります。

ネットの掲示板等に、爆破予告や殺人予告があると、地域の学校は休校や授業中止になることがあります。そういう場合、犯罪になる可能性があります。

2ちゃんねるというネット掲示板に「次は、栃木県の真岡市の幼女を狙います」との書き込みが2度なされたため、同市内の学校は授業中止に追い込まれました。被害届が出され、高校1年生が威力業務妨害罪の被疑事実で逮捕されています（2005年12月18日毎日新聞）。

また、高校2年生男子生徒がプロフィールサイトに、クラスの女子生徒の実名で「×高校2年○組の▲（実名）です。エッチしてくれる♂が欲しいです」等書き込み、さらに別のサイトに「▲、援助交際してるんだって」と書き込みました。彼は名誉毀損罪で逮捕されました（2005年7月14日　朝日新聞）。

②文部科学省の通知より

文部科学省は2013（平成25）年5月、早期に警察に通報すべきいじめの具体例をまとめ、都道府県と政令市に通知を出しています（2013年5月18日　読売新聞）。ネット関連をまとめ、罰の内容を加えたのが次ページのものです。

子どもたちにこの事実を示すと、一様に驚きます。「この程度で罪になるの？」「え～、おれ、やばいかも」「知ってたらやらなかった」「もう、やめよ」。

最近は、大阪府、兵庫県だけでなく、北海道や石川県、新潟県など、さまざまな場所で子どもたちに直接話す機会が多いのですが、どこでも子どもたちは同じような反応です。

子どもたちには、「ネットには証拠が残るのでリアルよりも証拠が残りやすい」と話すようにしています。

ネットいじめ等がひどい学校に呼ばれて、生徒を対象に講演したことがあるのですが、被害者に向けて、「おとなに相談したら警察含めて本気で守ってあげるよ」と語りかけました。あっという間にネットいじめは収束したとのことです。

文部科学省 H25. 5 月の通知より

「学校に来たら危害」→脅迫罪
（2 年以下の懲役または30万円以下の罰金）

「◎◎は万引き」→名誉毀損（具体的内容）
（3 年以下の懲役または50万円以下の罰金）

「▲うざい、気持ち悪い」→侮辱罪
（事実を示さなくても拘留または科料）

子どもたちは、インターネットのことをほとんど知りません。周囲の数人の友達がやっているから何となく自分もやっているというのが正直なところでしょう。ですから、その危険性、犯罪性等、おとながきっちり事実に基づいて教える必要があります。

子どもたちは、やってはいけない理由がはっきりすればやりません。おとながでることはまだまだあります。

特に教育の果たす役割は大きいと思っています。

犯罪可能性のある行為経験に対する認識

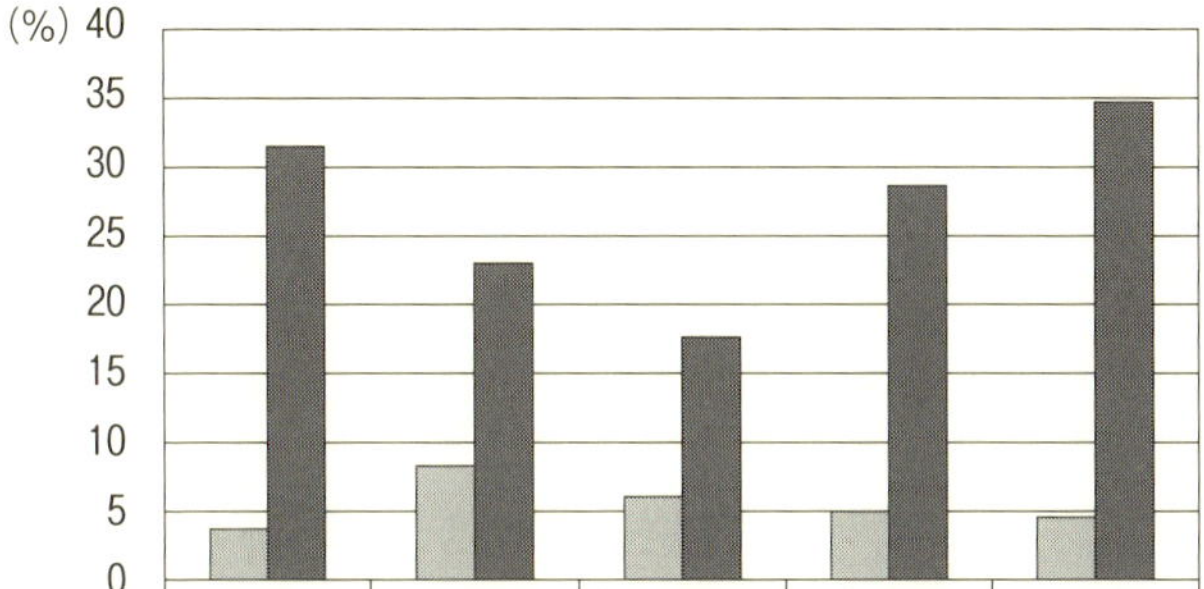

	爆破予告等	侮辱罪	名誉棄損罪	脅迫罪	不正アクセス
□犯罪である	3.7	8.3	6.0	5.0	4.5
■犯罪でない	31.5	23.0	17.6	28.7	34.6

③それって犯罪？

上のグラフは、それぞれの経験を「犯罪と思っている生徒」と「犯罪と思っていない生徒」とで比較したものです。

このグラフから、犯罪だとわかっていれば生徒はやらないことがわかります。逆に言えば、やってしまうのは主に、犯罪とわかっていない生徒たちです。

私は「加害者も大切な子どもたち」と思います。生徒を加害者にしないためにも、正確な知識を子どもたちに伝えることが急務です。闇雲に「ネットは危険だ」と連呼しても、子どもたちの「常識」は変わりません。おとなとしてできることを模索していきたいです。

コラム5 民間団体の取り組み

安心ネットづくり促進協議会事務局長　石原友信

青少年の安心安全で賢いネット利用を推進する、日本最大の民間団体として「安心ネットづくり促進協議会」（安心協）は、ネットやケータイ、スマホの関連企業、有識者だけでなくＰＴＡや消費者団体、国の関係者等も参加して２００９年2月に設立されました。

安心協は、青少年のネット利用に関連する「調査研究」と「普及啓発」活動に取り組んでいます。「調査研究」では、青少年のコミュニティサイト利用の監視に関する情報交換やスマホのフィルタリングに関する対応等、議論にとどまらず、参加関連企業の具体的な対策につなげています。「普及啓発」では、有識者や関連企業による保護者や教育関係者、自治体等に向けた教育研修会やワークショップを通じた青少年の啓発を行い、国民一人ひとりのＩＣＴリテラシー向上を目指しています。本テーマは、グローバルな課題であることを踏まえ、海外の同種団体との情報交換、ベストプラクティスの共有を図る、国際連携も積極的に進める等の準備を進めています。

第3章

子ども主体のネット問題対策

～子どものことは子どもが知っている～

ネットの世界は、まさに子どもの世界。
対策も実は子ども自身が知っています。
そこにしか解決の糸口はありません。

第1節　子どもたちの声を聞こう

子どものネット問題は、子どもたちの世界で起こっています。おとなの常識で考えてもだめです。

クイズを2問、解いてみましょう。私が2013年1月に実施したアンケート（大阪の公立高校1〜3年女子332人）の結果を予想するクイズです。ちなみにケータイ所持率は平均99・9％（うちスマホ・72・0％）とほぼ全員が所持しています。

【クイズ1】　面識のない人とメールやLINEでのやりとり経験がある女子高校生はどのくらいいるでしょうか？

大阪の女子高校生248人に聞きました！

「ケータイ・スマホ」クイズ1

面識のない人とメール等をしたことがある生徒の比率は？

①12%②32%③73%

答えは③。正確には73・3％です。

【クイズ2】　クイズ1で「ある」と答えた生徒のうち、「ネット上で知り合った人と会った経験がある」女子高校生はどのくらいいるでしょうか？　答えは③。正確には81・9％。8割を超えています。

つまり、女子高校生の現状は次の通りです。ほぼ100％がケータイをもっていて、その73％が面識のない人とネット上でやりとりしている。さらにやりとりしている人の82％がネットで知り合った人と実際に会った経験がある。

100％の73％の82％は約60％、つまり女子高校生の約6割は、ネットで知り合い、さらに実際に会っています！

ネットで知り合った人と実際に会う。

大阪の女子高校生248人に聞きました！

「ケータイ・スマホ」クイズ2

（面識がない人とメールをしたことがある生徒のうち）

ネット上で知り合った人と会ったことがある生徒の比率は？

①12％②52％③82％

私は40歳代ですが、私の常識では非常に危険な行為。だまされないかと心配です。そこで、彼女たちはどう思っているか、高校の女子生徒数人にそのあたりを聞いてみました。

「ネットで知り合った人のほうが、メールとか読んだら、何を考えているかよくわかるからかえって安心」
「リアルで会っただけだったら何考えてるかなんかわからない」
「知り合った人、友達の友達とかやから全然安心」
「スカイプとかで話したら、雰囲気とかもわかるからもっと安心かも」

私たちには考えられませんが、これが彼女たちの常識です。

第2節　子どもたちの持っている常識とは

◆1　キーワードは「常識」

子どもたちとネットについて話していて、キーワードだと感じる言葉は「常識」です。年代によって使う言葉は、「みんなやってる」とか、「先輩も大丈夫と言ってた」とかさまざまですが、彼らの判断基準はもはや先生や保護者の基準ではなく、友達や先輩など、自分の周囲の人たちの「常識」です。ネットに完全に依存している女子中学生と話しているときなど、「先生、常識ないな、笑われるで」と嘲笑されてしまったほどです。

教師や保護者は、生徒や子どもを叱責するときに、「そんなこと常識だ」「常識で考えてみなさい」などと「常識」を振りかざします。しかし、彼らはネットに関しては、私たちと異なる「常識」を持ってしまっています。非常に危険で、私などは危機感さえ感じてしまいます。おとなとしては嘆かわしい状況ですが、憂いていても埒があきません。

◆2　おとなが「彼らの常識」を知る

私たちおとなに、今必要なのは、善悪の判断を超えて、まず「彼らの常識」を理解することです。つまり、良い悪いではなく、「彼らの常識」をそのまま、まず理解するのです。私たちの年代にとっては、感情的には非常に難しいですが、それが私たち、日本社会が育んだ悲しく、嘆かわしい実態なのですから、直視する必要があります。

おとなに話すと、いろいろ対策をされてしまい、ある種のおとなは「暴走」さえするので、彼らの中で「おとなにはネットのことは話さない」が暗黙の了解になっています。ですから、「彼らの常識」を知りたければ、きちんと自分たちが「暴走」しないおとなであることを示さなければなりません。そのあたりは後に詳述します。

◆3　「私たちの常識」を子どもたちに効果的に伝える

①日本のネット対策の悲しい現状

次に「彼らの常識」を知った上で、私たちが彼らに身につけてほしい「私たちの常識」を彼らに効果的に伝えることです。「効果的に」というのがここでは大切なことで、「会うなんて危険だ」「犯罪に巻き込まれるに決まっているぞ」とヒステリックに大きな声をあげることはまったく意味をなしません。おとなの自己満足です。今の日本社会で行われている多くのネット対策は、残念ながら、ほとんどがこの種の自己満足に終わっていて、効果的でない場合が多いです。

理由は、彼らがその種の言葉を信用しないからです。「また始まった」「知らないおとなのタワゴトだ」など、初めから白けて聞いています。多くの場合、自分たちよりネットのことを知らない人が、怖い怖いと大合唱しているに過ぎないと感じています。もちろんおとなは一生懸命で、精一杯リサーチして、熱心に危険をプレゼンします。

しかし、その多くは、子どもたちのリサーチ力の足下にも及ばず、子どもたちにまさに、一笑に付されてしまいます。

以上が、私が見ている悲しい日本のネット対策です。文部科学省、総務省、警察庁、携帯電話事業者、最近ではゲーム会社など、さまざまな主体がネット対策を子どもたちに講じていますが、まだまだ効果的ではありません。

②あるべきネット対策の方向性

子どもたちが、私たちおとなのネット対策を蔑む最大の理由は、「おとなはわかっていない」からです。私はスマホを使ったことがない人が、子どものスマホ利用を云々するのはおかどちがいだと思っていますが、ここでは置いておきます。さらに、私が最近、最も憂慮しているのは、子どもたちの間で圧倒的な支持を受けているLINE《ライン》への批判の数々です。もちろん、その一部は正しいものですが、多くの場合、的外れであったり、簡単な設定で危険を回避できることを知らずに批判がなされています。一度も使ったことがない人に限って、「LINEは危険だ」と真っ赤な顔をして話しています。日本社会の悪い癖だと思っています。

　知らない人の声、知らない人の考えた対策でうまくいくはずありません。私の尊敬するカウンセラーと、先日、子どもたちと

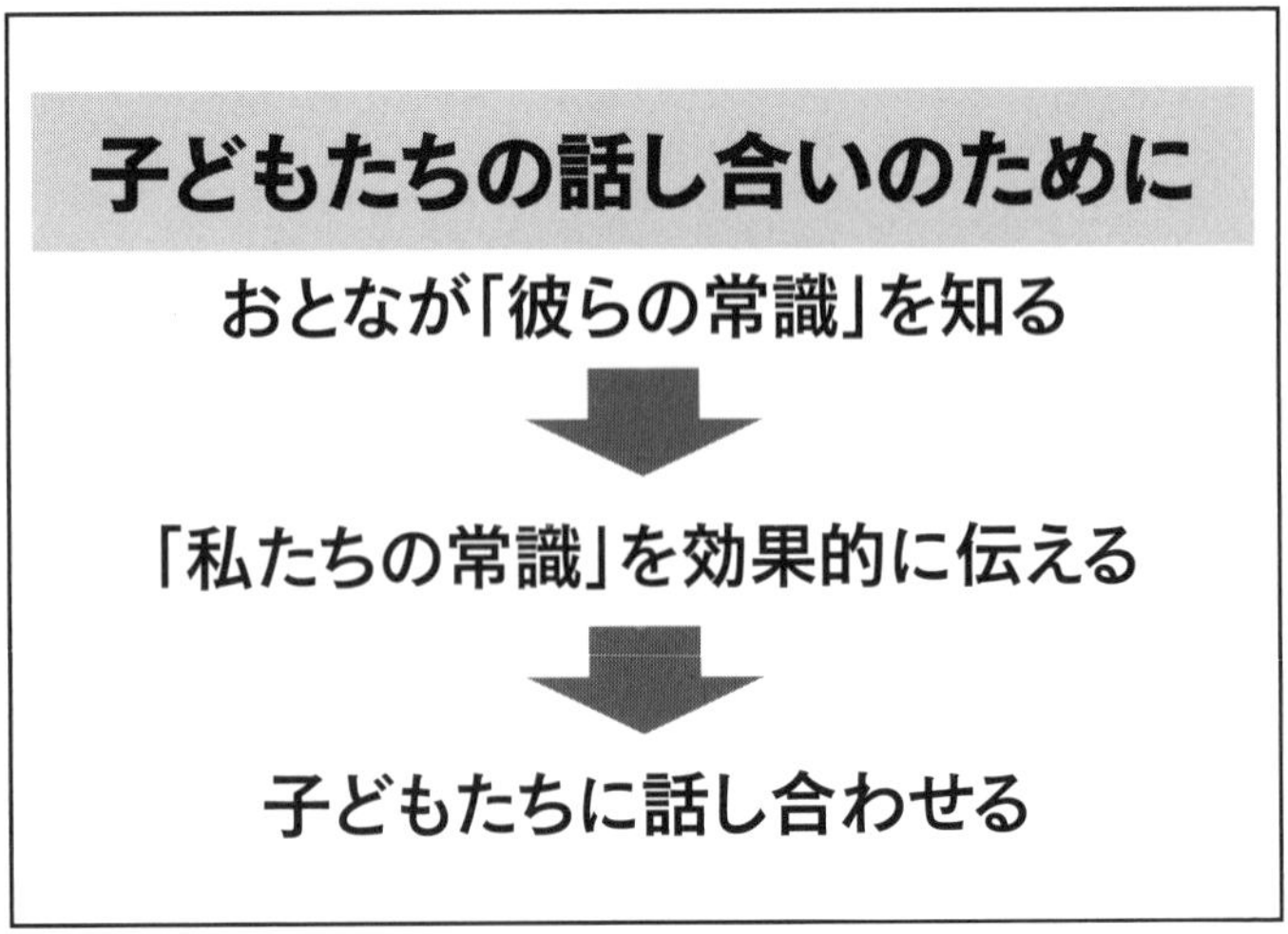

LINEの問題について議論しました。彼女は、「LINEは危険だから使っていない」と一刀両断にその問題を切り捨てる姿勢を示しました。私は非常にショックでした。子どもとLINEの問題は、今の子どもたちの抱える問題のある意味中核部分です。その部分に関心を示さない彼女に対して強い不信感を覚えました。しかし冷静に考えてみると、おとながあえて危険に身をさらす必要はありません。

そこで、私は彼女に、安全な使い方を伝授した上で、彼女にLINEの問題を考えてもらおうと方向転換をしました。私はゼミ生や教え子の高校生たちにLINEについて教えてもらい、彼女に伝授しました。システムを理解した後の彼女の対応はさすがでした。

子どもからの学びをおとなが共有できたら、もっともっと対策が進むと思います。

第3節　子どもたちがネットを自由に語れる場

私は、ネットいじめインタビュー以外にも、子どもたちが「ネット」を自由に語り、おとなが真摯に聞くシステムづくりに尽力しています。いくつかを紹介しましょう。

◆1　子どもがネットを語る場①

寝屋川市中学生サミット「ネットを語ろう」

大阪府寝屋川市の公立全12中学校の生徒会執行部員が集まり、ネットについて語り合いました。彼らが中心議題に選定したのは「夜、なかなかメールを終われない」こと。冬休みに市の施設に百人近い中学生が集まり、熱心に議論しました。「自分で終わったら、失礼かなぁと……」「何となく終われなくて、気づいたら午前3時」。

彼らは、みんな困ってるんだったら、みんなで「メール終わらせ言葉」を決めようと議決しました。「ZZZZ」「羊が1千匹」など、いろんな案がでましたが、多数決の結果「寝屋川メール終わらせ言葉」に選定されたのは「返信不要」。この言葉が送られたらそれ

以上は返信しないことをルールとして決定しました。
彼らは自分たちの学校に持ち帰り、朝礼や生徒会新聞で告知しました。残念ながら「返信不要」の言葉自体はあまり浸透しませんでしたが、次回集まった中学生は口々に「みんな同じようにメール終われなくて困ってるんだと納得して、メールが終わりやすくなった」と話していました。
みな同じように悩んでいる。そういう思いを共有することこそ、ネット問題解決の糸口なのだと思いました。私は市教委指導主事として計画から関わりましたが、子どもが話し合うことの効果を実感しました。

◆2　子どもがネットを語る場②
小学生が「スマートフォンを語る」

急速にネットが普及し、小学生がスマートフォンを持つ時代です。２０１３年５月の筆者の調査では、小学生高学年の３割弱がすでにスマホを使っています。筆者は現場教員と頻繁に打ち合わせをして「小学生へのスマホの授業」に取り組んでいます。急速に広がる前に、何に注意し、どういう対策が必要かを小学生に考えさせ、自由に語らせています。

下のような調査結果を示したり、「スマホ依存」の中学生の言葉を紹介し、小学生自身に対策を考えさせたり、チェーンメールを例示し、どう対応すればいいかを考える機会を準備したりしています。始まったばかりですが、確かな

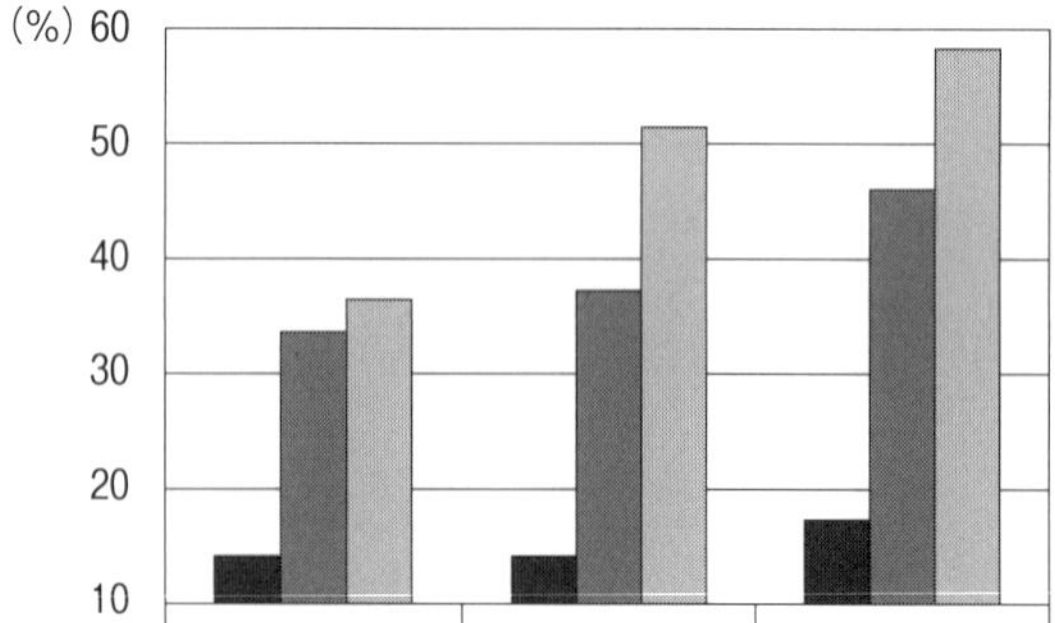

	不所持	ガラケー	スマホ
■イライラする	14.1	14.1	17.3
■勉強に自信がない	33.6	37.4	46.5
■12時以降に寝る	36.5	51.6	58.7

手応えを感じています。

下は、大阪府寝屋川市立第五小学校での授業風景です。スマホについて話し合った内容を寸劇で小学生が表現しています。中学校の先生から「中学生がスマホで困っていること」を聞き、その対策を自分たちの目線で考えています。

授業の最後に児童たちは「スマホは便利だけど、使い方を考えようと思った」「使うときには気をつけようと思います」と語っています。

中学生の困っていることは、自分がもうすぐ困ること。小学生の知恵は、未来の自分へのアドバイスです。

◆3　子どもがネットを語る場③

産官学で支える、高校生のスマホ対策 with 兵庫県立高等学校

私の研究室の学生は、スマホ使用について考える、「兵庫県立大学ソーシャルゲーム研究会」を立ち上げ、学生主体で活動しています。2012年の立ち上げ当初は、大学生の問題について考えていましたが、活動を進めるうちに、中高生のスマホ問題に課題を感じた彼らの関心は、自分たちの問題解決から、中高生支援に移っていきました。2013年4月現在、大学生のほとんどがスマホ使用者で、彼らは日々の連絡を、LINE等を使って行っており、スマホなしの生活は考えられないようです。しかし、彼らの多くも大学生になってからスマホを使い出したそうで、高校時代はガラケー。高校時代のスマホ問題は、想像はできても、実感としてわからないと言います。

そこで、2013年度は、兵庫県立姫路別所高校、兵庫県立姫路飾西高校、兵庫県立須磨東高校等の高校生の生徒会執行部等と共に、高校生自身がスマホについてどうしていくかを考える支援を行っています。

私が座長をしている、総務省近畿通信局「スマートフォン時代に対応した青少年のインターネット利用に関する連絡会」の場でこの取り組みを話したところ、総務省も関心を示

し、総務省が開発している「青少年がインターネットを安全に安心して活用するためのリテラシー指標（ILAS）」を成果指標として活用する等の検討を始めています。

また、同連絡会主催の「スマホセミナー」での私の講演の一部で、大学生自身が自分たちの研究内容を披露した場面にグリー（株）の担当者が興味を持ち、同社の啓発資料（高校情報科副教材）作成に「兵庫県立大学ソーシャルゲーム研究会」が協力しました。

そういう経緯があり、大学生が兵庫県立須磨東高校や、兵庫県立姫路別所高校の生徒に対して、スマホ対策の講演をするときのプレゼン（上の写真）に、グリーが開発したパワーポイント教材を活用し、さらに同社担当者小木曽氏から講演のノウハウの指導もしていただきました。高校生を核としたおとなの支援体制のモデルになりうる取り組みだと私は評価しています。

２０１３年5月16日には、大学生が高校の先生方に対して、LINE等についての校内研修会を行いました。以前では考えられない状況ですが、スマホを知らない先生たちが知っている大学生に学ぶ姿勢を持ったということは、画期的なことだと考えています。知らないことをわかって、知っている若い人に学べる先生方の姿こそ、人が尊重し合う姿のモデルです。

コラム6　スマホと小学生

寝屋川市立第五小学校　大島弘嵩

授業をするとき、「スマホをまだ知らない小学生にスマホの使い方を教えて、保護者からクレームが来るのではないか」、そういう声も確かにありました。

しかし授業してみて、子どもたちはすでに充分に知っているし、驚くほど興味を持っています。考えるきっかけさえ与えれば、子どもたちは、一生懸命対策まで考えることができます。正しく教えて、賢く使える子どもにしていくのが私たちおとなの責務だと改め

て感じる授業でした。

参考までに、下記は、私が2013年2月に大阪で2千12人の保護者対象に調査した「ケータイ所持率が急上昇する時期」ですが、これからもわかるように、今、所持率が伸びるのは小学4年生です。

しかも、購入される携帯電話のほぼすべてがスマートフォンで、しかも購入直後にトラブルが最も多いことがわかっています。

このことから考えても、対策の重点は小学生だということがわかります。

大阪の調査より　2013.2月

ケータイ所持率の急激に伸びる時期

第1位　小学4年生（塾、学童保育終了時）

第2位　中学入学時（特に都会で）

第3位　高校入学時（特に地方で）

第4節　命がけで逃げている子どもたち……

出会い系サイトの被害者は、「出会い系で知り合った男性は優しかった、悩みを聞いてくれた」と言います。しかし、彼女たちが本当に悩みを聞いてほしいのは、出会い系の男性たちではなく、母親であり、教師であり、友達です。聞いてくれないから、仕方なく出会い系サイトに流れていったと考えていいでしょう。

福祉の現場で、長く中学生等の支援をしていた女性は「出会い系の女の子は、危険なことは本当はわかっている。彼女たちは、命がけで出会

い系に逃げている」と話しています。私たちに求められているのは、彼女たちが逃げる必要のない社会を作ることだと思っています。

困ったときにちょっと話を聞いてくれるおとながいるだけで、子どもたちの安心感はまったく違います。まずは、私たち自身がそういうおとなになる努力をしたいものです。

コラム7　ネットの中の子どもたちの声

子どもの権利条約総合研究所　宮川正文

ここでは富山県にある、射水市子どもの権利支援センターぱれっとが行っている「ぱれっと掲示板」〈http://hotsmile.u-toyama.ac.jp/〉を紹介します。掲示板には子どもたちの日常の勉強や恋の悩みから、性的な虐待など、さまざまな相談が寄せられます。「親はどうして、兄弟とくらべるんですか？　本当につらいです」「学校で無視されます。先輩もすれ違いざまに睨みます」「解決できなくてもいいので、聞いてくれるだけでいいので。コメントを待っています」など、子どもたちの生々しい声が日々寄せられています。ここでは1事例を紹介しましょう*。

ある小学生がぱれっと掲示板に次のように書きました。「私は学校でいじめを受けています。毎日が恐くて、毎朝学校に行きたくないと思っています。親は学校に行きなさいといいます。正直、苦しいです。つぶれてしまいそうです。どうしたら、両親に私の気持ちをわかってもらえるんでしょうか」。これに対してある中学生は実に温かい回答をします。「わかるよ。その気持ち、ウチも少し前まですっごくつらかった……。友達ともうまくいかないし、教室でもいやがらせばっかり。今でも状況は全然変わってないけど、今までがんばってこれたのは、誰かに相談できたからです。1回信頼のおける先生とかおとなに相談してみたらどうかな？　相談することでスッキリするから気持ち楽になるよ。それでもだめだったら、教室までいかなくても保健室登校とかしてみたり、親と真面目に時間をとって話して。もう限界なんだってことわかってもらえるまで話してみるといいと思うよ」。

不登校や場面緘黙の子の相談もぱれっと掲示板にあります。家から出られなかったり、話せなかったりで、電話や対面では相談できない子も、ネットでは気持ちを伝え相談できます。それに対して同世代の子どもが、おとなでは書けない共感的な回答を寄せています。ネット上には危険だけではなく、このような助け合いもあります。

ぱれっと掲示板は誰でも書ける相談場所です。もし、よろしければ掲示板を見ていただいて、共感したなら、悩んでいるお子さんにそのお気持ちを分けていただければ幸いです。

＊　事例は本人が特定できないように改変しています。

第4章

家庭、教室で作るケータイ・スマホの約束

～普段からの話し合いのために～

何より大切なのは、ふだんからの話し合いです。
ルールを決めるだけではうまくいきません。

第1節　家庭・教室で話し合う意味

◆1　家庭で、教室で

子どもたちは、親との約束の中で少しずつ社会性を獲得していきます。その意味で、携帯電話についても、一方的に保護者がルールを提示するのではなく、話し合いの中で考えていくことが重要です。大切なことは、携帯電話を購入する前にこういった話し合いをしておくことです。購入後であれば、携帯電話の魅力にとりつかれ、なかなかうまくコントロールできなくなります。

このような話し合いを家庭だけでなく、教室でも行うことには大きな意味があります。彼らにとって最も重要なのは、友達とのコミュニケーションであり、家庭でいくらルールを設定しても、友達の間で、それがうまくコントロールされないと守れません。

ですから、同じような考え方で、各家庭、教室で話し合っておく必要があります。ここでは、常識を常識として、強調する必要もあります。

◆2 おとなとして教えたいこと

彼らには「彼らの常識」があります。仲間関係の中で絶対のものですが、それにおとなとして、教える姿勢が必要です。「常識だからわかるだろう」的な姿勢はよくありません。「こういうふうに考える」と、一から教えていく必要があります。

教えていくと彼らも考え、自分たちなりの答えを探します。ケータイ、スマホが新しいツールであるため、学校でも家庭でも、教えられた経験がないので、何も知らないのです。

親子の約束例

- 時間　＿＿時には居間の充電器に
- 場所　基本的に居間だけで使う
- 規則　①フィルタリングは解除しない
  ②金額上限＿＿＿円
  ③困ったら相談する
  ④個人情報は書き込まない
  ⑤人のいやがることは書かない
  ⑥食事や会話中は使わない
- 違反　ルール違反があれば＿＿＿日使用停止

コラム8

『スマホ18の約束』で考える子どもとの向き合い方

ネット教育アナリスト　尾花紀子

あなたは「スマホはケータイの上位機種（進化版）だ」と思っていませんか？　日本では、独自に進化・発展を遂げた多機能ケータイを当たり前のように使っていました。ですから、画面が大きくなりボタンがなくなった使い勝手のいいケータイという印象になってしまうのですが、スマートフォンの性能や仕組みはパソコンのほうが近く、複雑さや危険性はケータイの比ではありません。

ところがこのスマホ、パソコンと違っていつでもどこでも手の中で使えてしまうため、子どもの使い方を常に見守り続けることはできません。また、新しいことがケータイを上回る速さで起きていることを考えると、頭が追いついていける・いけないにかかわらず、最新の技術や情報を得続けることも難しいでしょう。とはいえ、誰にでもできることだってあります。それは「安全な利用環境づくり」です。ただし、スマホに限らずケータイも、学校や家庭で共有するパソコンでも同様、むやみに厳しい制限をするのはお薦めしません。まず行いたいのが「ウィルス対策」です。子どもを守るために危険なものを遠ざけ続け

スマホは高性能で多機能な「通話機能付小型パソコン」と考えよう！

※イラストは総務省広報誌2012年4月号特集「スマートフォンってどんなもの？」より

ツール
電話の機能をベースにしてメールなどの機能を追加。
パソコンの機能をベースにして電話機能を加えたもの。アプリをインストールすることで機能の追加が可能。
画面
ほとんどのスマートフォンよりは画面が小さい。
ほとんどの携帯電話の画面より大きく、動画なども見やすい。

数字のボタンを押して操作する。
画面を指で操作するタッチパネル方式。
その他・・・・
●ケータイでは見られない（または見づらい）パソコン用サイトが主な閲覧対象
●写真を撮影すると、撮影場所の位置情報が自動的に記録されるのが初期設定
●アプリの使用中に、個人情報や利用者情報が送信されることもある
●操作中でなくても、ネットにアクセスすることがある
安全な利用環境
・有害サイト閲覧制限の「フィルタリング」は、悪質サイトへのアクセス予防にもなる
・ダウンロードやメール受信で入ってくる悪意の防止には「ウィルス対策」が不可欠
＝セキュリティソフトの導入・設定＋OS（基本ソフト）や導入ソフトを常に更新

ると、いつまでたっても安全な使い方は身につきませんが、うっかり操作による詐欺や情報搾取の被害は避けたいところ。導入・設定は常識と心得ましょう。

フィルタリングも重要です。「高校生にはフィルタリングは邪魔かも」という販売員もいますが、悪意の仕掛けがあるブラックサイトへのアクセスも防いでくれる仕組みを、うまく利用しない手はありません。少し緩めの制限を選び、見られないと困るサイトは個別にアクセス許可する対応がベストです。やり方がわからない場合は、サポート窓口や販売店などに相談しましょう。一番やってはいけないのは、「わからないから何もしない」ということです！

さて、こうして安全な利用環境を整えたとしても、システムは人の感覚ほど優秀でも繊細でもないため万全ではありません。使い手の3つの力「責任力」「判断力」「自制力」と、2つの意識「規範意識」「危機管理意識」をどう育てるかが鍵となってきます。この5つがしっかり身につき、正しく賢く安全に使えるようになれば、もう安心です。

では、これらは年齢と共に自然と身につくものでしょうか？　もちろん、答えは「ノー」。でも、学校や家庭で、子どもたちを育てるために手軽に使える資料はなかなかなく、何かいい題材がないかとずっと考えていました。そして、日本でも話題になったホフマン君のお母さんからの手紙『スマホ18の約束』を知ったとき、「これだ！」と思ったのです。

母親が13歳の息子に贈ったiPoneに添えられた「お約束」には、アメリカのお母さんらしい子どもとの向き合い方が綴られていますが、日米の違いから、直訳ではミスマッチが生じます。また、ケータイやネットにあまり詳しくないおとなが個々のルールを考える場合、簡単な説明や関連情報も欲しいでしょう。そこで、日本中の皆さんに広くお使いいただけるように、日本の法律や家庭環境などを考慮してアレンジ翻訳し、ミニ解説とチェックシートを付けた『スマホ18の約束』のオリジナル資料を作りました。

・責任感を養うための約束　　・リアルな会話を苦手にしない工夫
・ネットを利用する際のモラル　　・自分の身や将来を守るための考え方　……他

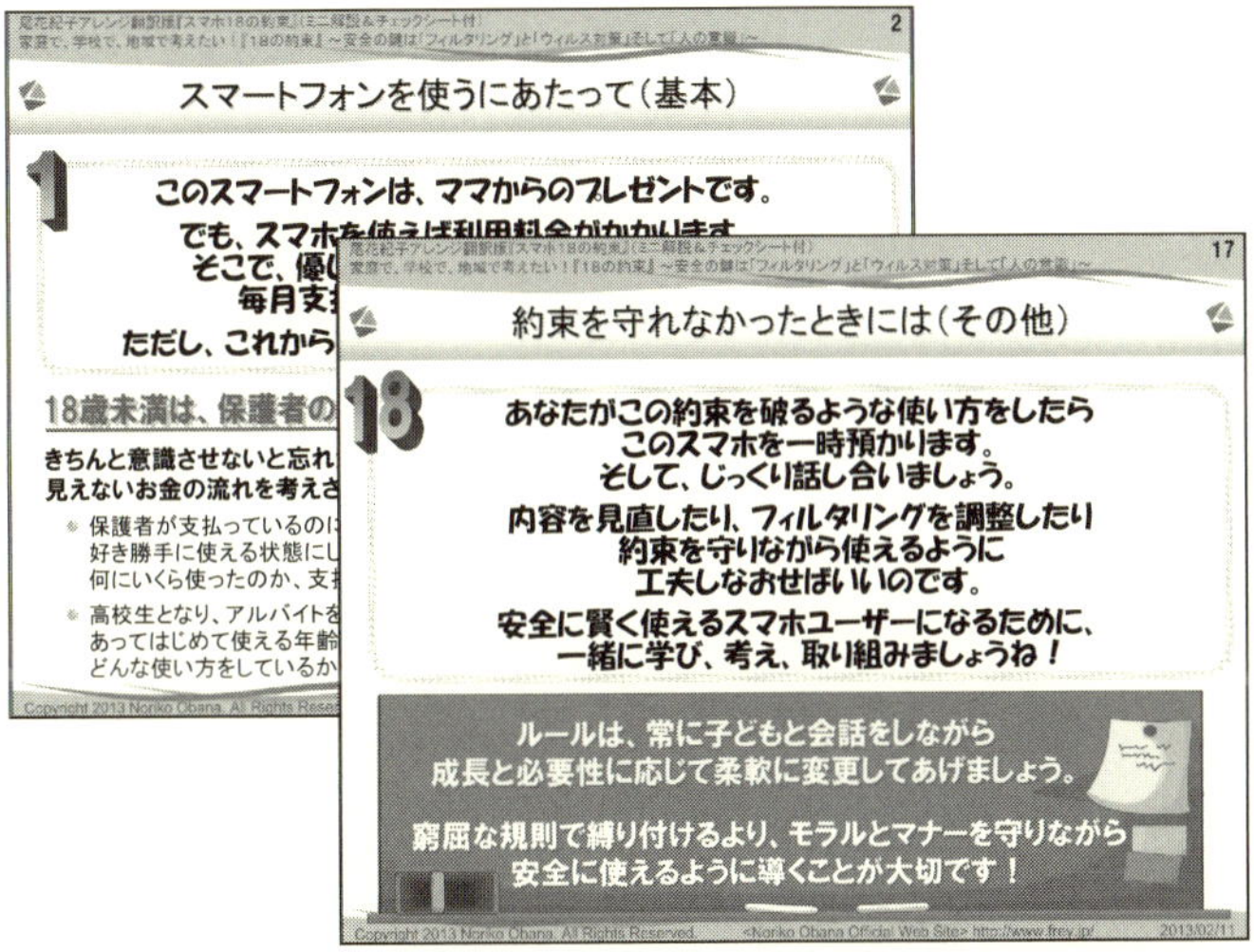

※ http://www.frey.jp/sol/edu/ より印刷・ダウンロード可能

ネットが苦手でも、スマホがよくわからなくてもお使いいただける内容を心がけました。これを参考に、子どもと話し合いながら一緒にルールづくりをしてみてください。

今の子どもたちに必要なのは、共に考えながらより良い方法を模索してくれるおとなです。問題を先送りせず、面倒がらず、目の前で起きていることを解決するために都度対応するパワーが不可欠な時代だからこそ、『スマホ18の約束』のアナログな子どもとの向き合い方に多くの人が共感したのかもしれません。

システムでできることは任せ、人にしかできないことをする——難しい時代ですが、工夫しながら乗り切りましょう。

第2節　図解「スマホ・ケータイの危険対策」

◆1　フィルタリングって？

普段からの家庭や教室での話し合いが何より重要ですが、システムで危険から回避できるのであれば、安心安全のために設定しておくほうがよいでしょう。一般的に使われているのは、「フィルタリング・システム」です。日本では、２００９年に青少年インターネット環境整備法が施行され、18歳未満の青少年が携帯電話を購入する場合、原則的にフィルタリングを設定することになり、保護者の同意がないと外せないことになっています。

左のようにフィルタリングには、通称ホワイトリスト方式（安全と判断されるサイトにしかアクセスできない）とブラックリスト方式（危険と判断されるサイトにアクセスできない）の2種類があり、どちらかを設定することになっていますが、普通、より安心なホワイトリスト方式は小学生向け、アクセスできるサイトが増えるブラックリスト方式は中高生向けということになっています。携帯電話販売店で簡単に設定できるので、２００９年以降急速に普及し、それに伴い、被害も激減しました。

ホワイトリスト方式

ブラックリスト方式

出典：一般財団法人インターネット協会
（http://www.iajapan.org/rating/filltering2003.pdf）

◆2　各自治体の取り組み（フィルタリング設定率の向上）

次ページ上図は、参考までに、私が寝屋川市教育委員会に勤務した時期のフィルタリング設定率の推移です。学校、自治体レベルで、子どもを守るためにフィルタリング設定率向上に取り組んできました。私の勤務地では、小中学校の個人懇談時にフィルタリング未設定の児童生徒の保護者にフィルタリングの重要性と設定方法を説く、「フィルタリング・ローラー作戦」を毎年11月に実施しました。

この作戦が大きな成果をあげ、市内での携帯電話のトラブルは激減しました。しかし、２０１３年あたりからのスマホの普及に伴い、またトラブルが急増しました。これは、従来型のフィルタリングだけでは、スマホの場合対応が難しいからです（次ページ下図）。スマホは、従来の携帯電話の３Ｇ回線だけでなく、パソコン用のWi-Fi回線にも対応しているからです。

２０１２年夏、各社でスマホ本体にフィルタリングアプリをダウンロードできる体制を整えましたが、子どもたちへの普及はまだまだ進んでいません。

寝屋川フィルタリング設定率

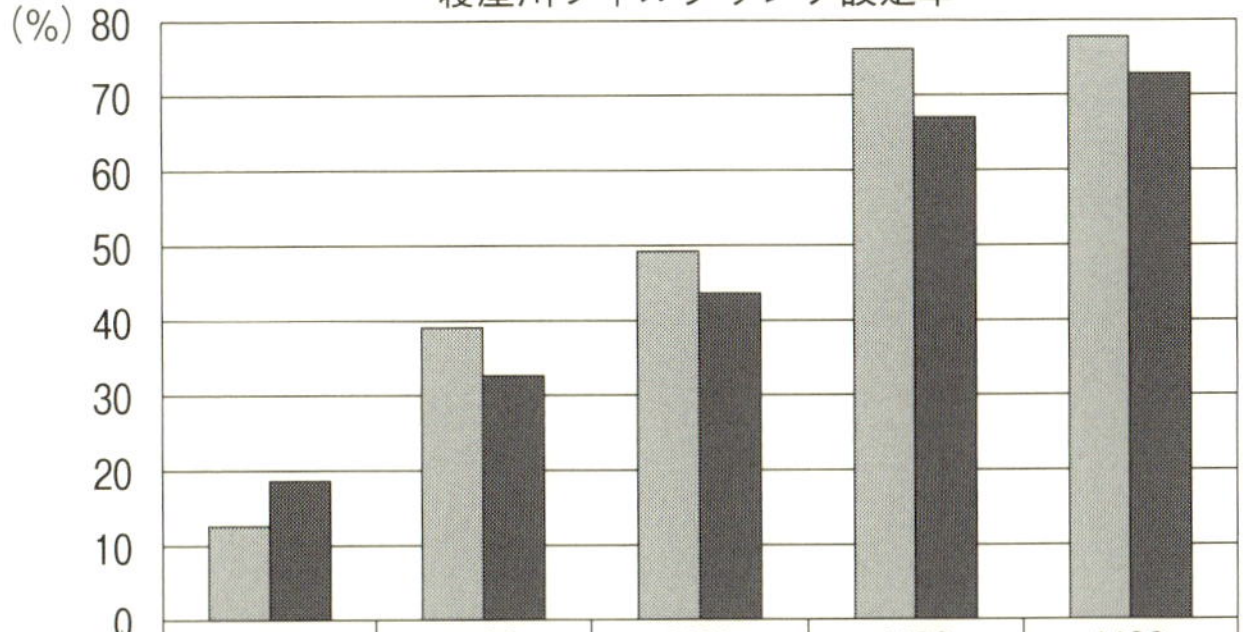

	H19	H20	H21	H22	H23
□小学校	12.8	39.2	49.3	76.3	77.9
■中学校	18.4	32.5	43.6	67.1	73.0

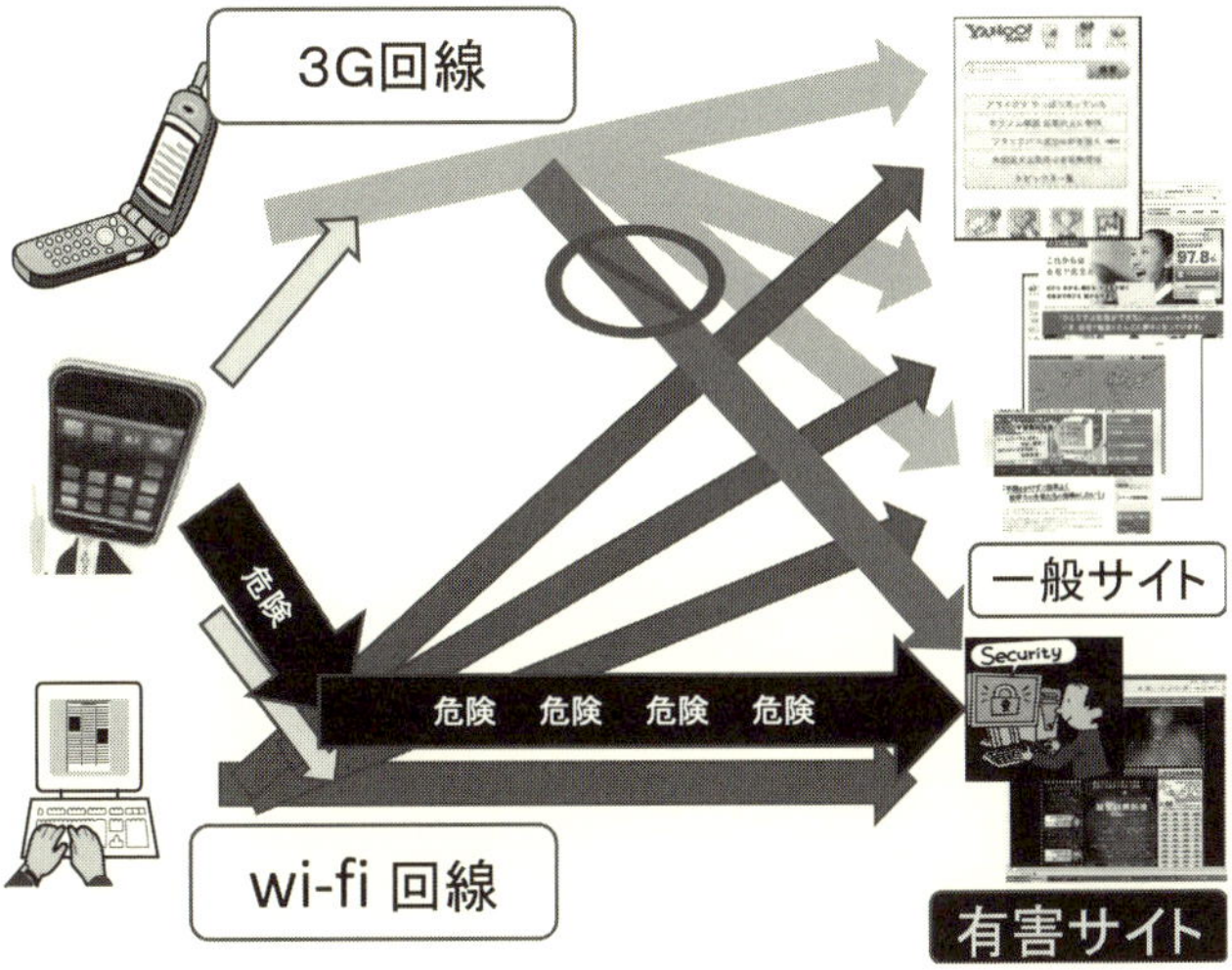

◆3　ネットトラブル世界の潮流（パリ・ウィーンでの国際会議から）

私は、２０１２年6月にパリ、２０１２年10月にウィーンでの、ネットトラブルに関する国際学会に参加してきました。そこで驚くべき状況を知りました。日本では、スマホからのネット問題は、ここ5～6年の教育問題の中核の一部でしたが、海外ではその状況が始まったばかりだと知ったからです。欧米のある教育関係者は、「欧米の子どもたちは、これまでインターネットには、パソコンからアクセスしてきた。ここに来て、スマホが急速に広がったので、モバイル端末での携帯接続によるトラブルが続出している」と話していました。

つまり、子どもたちのスマホからのネット問題は、欧米では始まったばかりだというのです。彼らに日本の状況を話すと一様に眉をひそめて、悲しい状況だと嘆きます。私が、欧米も近い将来、そういう状況になると言うと、「私たちの国にはペアレンタル・コントロール（親の監視）があるから大丈夫だ」と言います。複雑な心境でした。

日本の惨状を話し、国家レベルでのフィルタリング・システムの導入の必要性を話しましたが、誰も聞く耳を持ちませんでした。いろいろ考えさせられた欧州での滞在でした。

全体会の様子　世界各国から約200名

Bullying and Cyberbullying:
The Interface between Science and Practice

コラム9　ネット事業者によるサイト健全化に向けた取り組み

株式会社ディー・エヌ・エー　西　雅彦

Mobage《モバゲー》は、２００６年2月のサービス開始以降、多数のお客様からご支持をいただき、現在では日本最大級のゲーム・ＳＮＳサイトに成長いたしました。大多数のユーザーにはMobageを健全にご利用いただいておりますが、一部で不適切な書き込みをされるお客様もいらっしゃいます。そのためサイトご利用上の基本ルールとして、①「他人の悪口や嘘を書いてはいけません。ネットは決して匿名ではありません。」②「名前、住所、電話番号、メールアドレスなどの個人情報を公開してはいけません。」③「ネットの外では人に会ってはいけません。」の3点について、サイト上でも禁止事項として注意喚起しています。

一方で、Mobageでは青少年保護の観点から、サイト運営者としてトラブルの未然防止、問題の早期発見・対応のためにシステム対応による違反投稿の自動抽出チェック機能や、総勢４００名、24時間３６５日体制での人的なサイトパトロール監視などの取り組みを行っています。

高度情報化社会が急速に進む中、子どもたちが健全なインターネットの利用やマナー（情報モラル）、情報リテラシーを身につけることが望まれています。ディー・エヌ・エーでは学校、家庭、地域社会のみならず、企業としても教育に参加すべきと考え、小学生、中学生、高校生を対象とした「訪問学習」や「出張授業」などの講座を実施しています。この講座ではインターネット利用で人と繋がることの楽しさ、健全な関わり方についてワークショップ形式で学習するだけでなく、企業や組織活動について、さらにはゲーム開発についても幅広く学べる場となって、訪問学習、出張授業いずれも無料での実施となっています。

これまで参加された生徒からは「インターネットで気をつけなければならないことが具体的に学べた」「ネットのサイト運営の仕組みが理解できた」「ネットの利用方法や企業活動について詳しく知ることができた」といった感想を多数いただいております。

またスマートフォンの普及に伴い、学校の先生や保護者を対象とした講座も開設していて、実際にスマートフォンを触りながら、子どもたちの利用実態を学んでいただく講座を展開しています。事業会社や業界として取り組むべき課題にはしっかりと対応する一方で、保護者や学校関係者、地方自治体や関係省庁や関係者と連携して、子どもたちに安心・安全にご利用いただくための環境整備に引き続き取り組んでまいります。

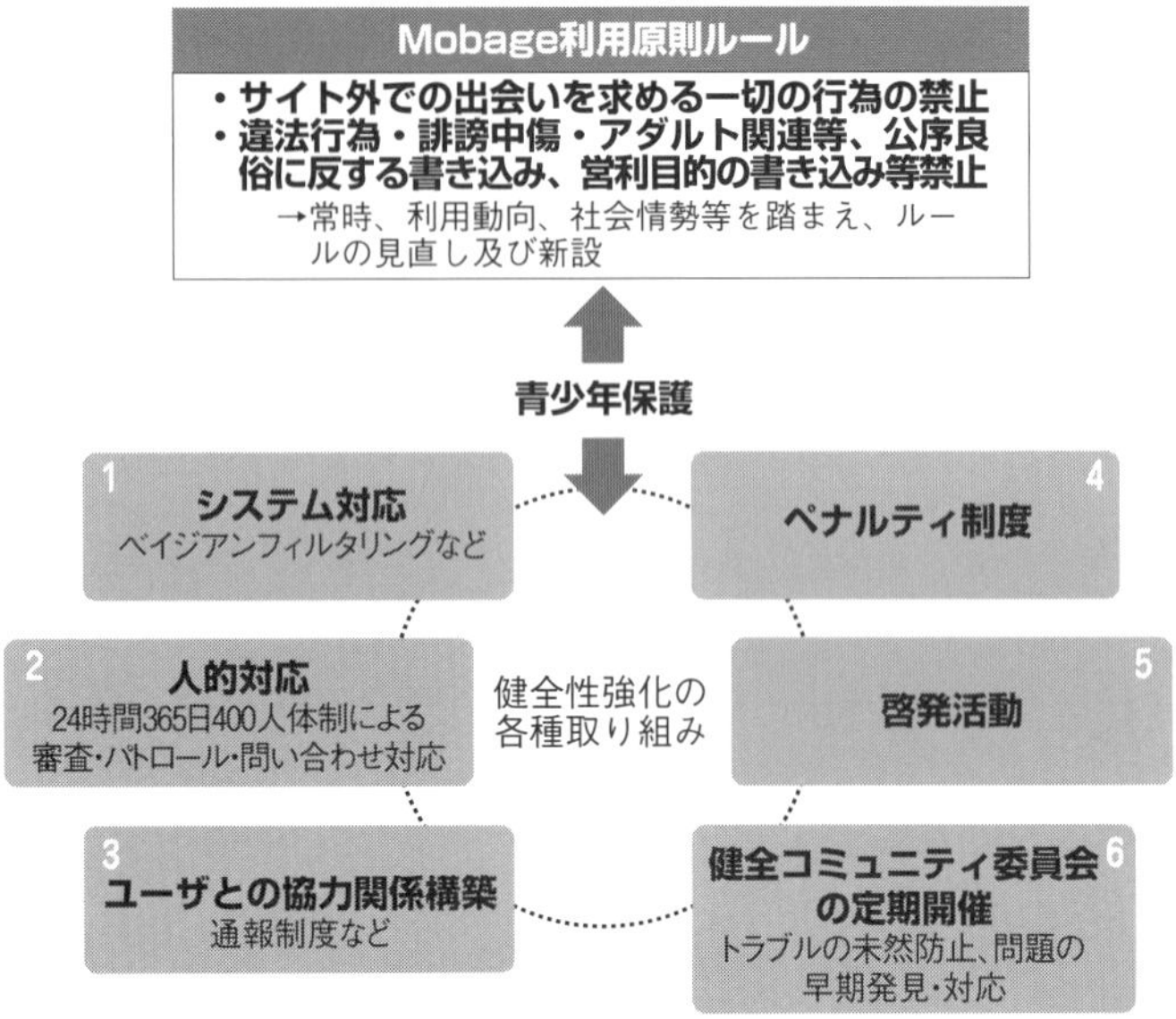
Mobage利用原則ルール
・サイト外での出会いを求める一切の行為の禁止
・違法行為・誹謗中傷・アダルト関連等、公序良俗に反する書き込み、営利目的の書き込み等禁止
→常時、利用動向、社会情勢等を踏まえ、ルールの見直し及び新設
青少年保護
1 システム対応
ベイジアンフィルタリングなど
2 人的対応
24時間365日400人体制による
審査・パトロール・問い合わせ対応
3 ユーザとの協力関係構築
通報制度など
健全性強化の
各種取り組み
4 ペナルティ制度
5 啓発活動
6 健全コミュニティ委員会の定期開催
トラブルの未然防止、問題の
早期発見・対応

コラム10　グリーが考える「事業者による啓発」とその強み

グリー株式会社　小木曽健

「今日この会場にいる100名のうち、今後5年、10年の間に、インターネットでの失敗が原因で、人生が大きく変わってしまう人が、3人います。この中に必ずいます」これはグリーが実施する出張授業の冒頭で、私が必ず話す言葉です。会場の人数が増えれば、「3人」が5人にも10人にも増えますが、いずれにせよ、会場の子どもたちの表情は固まり、「いったいこの大人は何を言っているんだ」という顔で私を見つめ始めます。

「私は今日、その人数を0人にするために来ました。ですからこれから話す内容を、1つでもいいので、今後の人生の中で覚えていてください。では始めましょう」

グリーの外部向け講演や出張授業は、北は北海道から南は沖縄まで、声をかけていただいた場所には無償でお伺いしています。その中で私が常に感じているのは「どんな講演内容であっても、彼らが思わず受け取ってしまうような『球』を用意しなければ、何も伝えられずに終わってしまう」ということです。冒頭の例も『球』の1つです。

例えば「ネットで知り合った人に個人情報を伝えることは危険。絶対に教えてはいけない」「友だちの悪口を言うことは悪いこと。だからネットにも書かない」。これらを耳にしたとき、子どもたちの頭の中では、さまざまな理屈がこねくり回され、「でも〜ならば大丈夫」という彼らなりの結論が作られます。つまり伝わらないのです。このとき、どのような『球』を投げ入れればよいのか。試行錯誤の上にたどり着いたのが、次のようなアプローチです。

「ここは1日数十万人が行き交う交差点です。ここで1時間、この写真（画像1）のように自分の個人情報を掲げて立っていてほしいのです。やってくれる人はいますか？」

「今度はこの写真（画像2）です。昼休みの間、友だちの悪口が書かれたボードを持って、学校の廊下を歩きまわってほしいのです。これなら出来るという人は？」

もうおわかりだと思いますが、これらはすべて、ネット上での個人情報トラブルや炎上の原因を、現実世界に置き換えただけの画像です。大人にとっては当たり前の感覚を『インターネットネイティブ』に伝えるためには、このような工夫が重要だと考えています。

現在グリーでは、これらの取り組みにスピードを持たせるため、講演内容の一般公開を進めています。たとえば、前述の画像は「情報」科目の副教材として学校向けに無料配布を行なっています（画像は教材からの引用）。

そのほか、非営利法人の講師育成や研修素材提供など、「点」で得られた経験を「面」

に展開するため、今後も「事業者の強みを活かした動き」を模索しながら活動していきたいと考えています。

画像 1

画像 2

第３節　スマホ・ケータイお試し期間

◆1　危険なスマホは、子どもに与えないほうがいい？

「携帯電話は危険だから、子どもに持たせるべきではない」。携帯電話が急速に広まった時期に、あちこちで不安をあおるように声高に語られ続けた言葉です。しかし、「危険だから持たせない」は、情報化社会を生き抜く子どもたちを育てる私たちにとって正しいスタンスなのでしょうか。私も当初は、ケータイ不要論の先鋒を走っていました。しかし、そういう考えは時代に適合せず、教員や親が持たせないスタンスでは、子どもたちとの壁ができ、結果として、悲しい思いをする子どもたちが増えていくばかりです。私たちは、賢く使うために彼らをどう教育していくか、教育者として、そこに英知を結集していくべきだと考えています。

◆2　自転車の補助輪、包丁の「猫ちゃんの手」

◆ お料理デビュー編　～その2：包丁の使い方～
包丁を使ってみよう！

■正しい姿勢で包丁を持つ

作業しやすいよう、ふみ台などを用意して、調理台がなるべくおへその下あたりの高さになるように調節しましょう。おへその中央にまな板の中心がくるようにセッティングしてあげてください。

■包丁の使い方

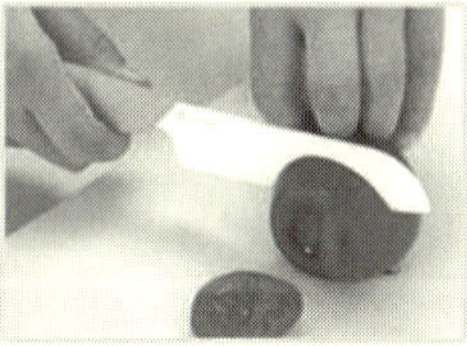

〈例：右ききの場合〉
右手で包丁を持ち、左手で食材をおさえて切ります。食材をおさえる時は、「手の形を『ジャンケンのグー』（または『ネコの手』）にしてね」と、手本を見せて教えましょう。親指が外に出ていないかも注意してください。

『ネコの手』で、食材をしっかりおさえることができたら、さぁ、包丁で切ってみましょう。

子どもたちが自転車に乗るとき、最初は補助輪付きです。途中で片方ずつ外して、最後は後ろを持ってあげて、乗り方を教えます。最初は公園の中だけで少しずつ行動範囲を増やし、信号の見方を教え、時期が来るまでは保護者が責任を持って行動を監視します。

包丁の使い方もそうです。小さい子に包丁を使わせるときは、「左手は猫ちゃんの手」と彼らが怪我をしないように、おとなが配慮します。保護者として当然のことです。上はHPで見つけた、子どもの包丁の使い方です。時には失敗しながら、こうやって子どもは育ちます（http://www.oyakodecooking.com/kitchen/）。

怪我をしても取り返し可能な、軽いものにすみます。おとなの責任でしょう。

第4節　親子で作る「スマホの約束」

◆1　ケータイお試し期間

コラムにも寄稿していただいている尾花氏は、子育ての経験から「ケータイお試し期間」を推奨していて非常に参考になります。

つまり、ケータイ購入後の最初の数か月を「ケータイお試し期間」に設定して、その期間は、保護者と一緒にケータイを使い、ダウンロードの仕方やメールの書き方を一緒に学びます。塾等の外出時にケータイを渡し、帰宅時には居間に置きます。もちろん、ケータイは居間だけでの使用にします。

子どもが慣れてきたら、少しずつ自分一人の使用を増やしていきますが、それでも夜のある一定の時間には居間に戻すことを習慣づけます。最初にこの導入期を経ておくと、子どもとおとなの約束が明確になり、それができない場合は、使用を停止する等、ペナルティーを決めておきます。

◆2　お試し期間の例と考え方

子どもがよく言う、「後出し」では、子どもは納得しません。購入時に、この期間を設定し、納得した上で購入することをお勧めします。

定期的に、ルールを見直して、妥当なものに、日々マイナーチェンジを繰り返していくことが大事なようです。

守ることが可能なルールにしていくことを、実は子どもたち自身も求めています。そういう意味で、一定のペナルティーも決めておくのがよいようです。最初に決めたルールなら、子どもたちは納得します。

親子の約束例

- 時間　＿＿時には居間の充電器に
- 場所　基本的に居間だけで使う
- 規則　①フィルタリングは解除しない
  - ②金額上限＿＿＿円
  - ③困ったら相談する
  - ④個人情報は書き込まない
  - ⑤人のいやがることは書かない
  - ⑥食事や会話中は使わない
- 違反　ルール違反があれば＿＿＿日使用停止

コラム11 保護者が戸惑うネット社会の子育て

公益社団法人日本PTA全国協議会元会長　曽我邦彦

10年前の「ネットの光と影」をどうするという利用を考える時代から、みんなが使うネット・スマホ時代。保護者もネット子育てをどうすればよいか答えが出ないうちに、毎年新たな問題が加わり戸惑いの連鎖が起こっています。

子どもが所有する道具（ゲーム機、ミュージックプレイヤー、テレビ、etc.）もネットに繋がる道具に変化しました。昔は持たせないですんだときもありましたが、ネットが生活インフラになり、多くの家庭が持たせないでは家庭や社会生活が成り立ちにくくなってきました。そこで、現状をしっかり見据え、ネットを道具として賢く使える子育てをどう実現するかを考えることが重要な課題となってきました。子どもたちのさまざまな状況を把握し、道具でできる対策は企業にお願いし、ネット環境の青少年向けの整備は国にお願いせねばなりませんが、最終対策は家庭です。

どんな道具も問題のある使い方は危険となります。ネットも同じ。たとえ我が子が信頼できても、ネットに繋がるすべての道具に少々費用はかかっても初期段階は必ずフィルタリングをして使用させてほしいと思います。竹内先生にも、子どもたちの目線を捉え、多くの保護者に現状発信を行うシンポジウムやセミナーの開催に協力いただき訴えています。

スマホ時代、家庭の対策こそ最高の最終対策と考える現状、保護者に最高のプレゼントは現状認識と対策ヒントの導きです。未来を託す子どもたちに最高の環境をつくることこそ、おとな・保護者の役割です。10年後にはネットを使いこなすのは普通の時代となっているでしょう。ネット時代だからこそリアル人間力が大事。しっかりと子どもと向き合い、会話してください。

第5節　家庭・教室で作るスマホの約束

◆1　小学校編

子どもたちと話し合うときには、ゆっくり時間をとって話し合う姿勢を示すことがまず必要です。「親や教師が答えを持っている」と子どもたちが感じてしまうと、話し合うことはできません。子どもたちなりの考えに耳を傾け、一緒によい生活をしていくために考えていく姿勢を示すことが肝要です。

一緒に考えるポイントは、①フィルタリング、②お金と時間、③使う場所などです。一緒に相談して、守れなかったらどうするか、あらかじめ決めておくことが大事です。また、一定の期間をおいて、約束を見直すことが必要です。それがないと、結局、うやむやになってしまいます。

最近多いトラブル例は、フィルタリングを設定すると、LINEができないというものです。LINEにこだわる子どもが多いのも事実ですので、子どもとよく話し合って、LINEだけアクセスできるようカスタマイズします。携帯電話販売店で簡単に設定できます。

スマホの約束（小学校）

（　　）①フィルタリングは解除しない

（　　）②金額上限＿＿＿＿円

（　　）③ケータイは居間でしか使わない

（　　）④ケータイは＿＿時になったらやめる

（　　）⑤困ったら相談する

（　　）⑥個人情報は書き込まない

（　　）⑦人のいやがることは書かない

（　　）⑧食事や会話中は使わない

（　　）⑨＿＿＿＿＿＿＿＿＿＿

（　　）⑩＿＿＿＿＿＿＿＿＿＿

ルール違反があれば＿＿＿＿日使用停止

署名＿＿＿＿＿＿＿＿

◆2 中学校・高等学校編

中学生、高校生になると、彼らなりの生活スタイルと友達関係が確立してしまっている場合が多いです。すべてすぐに改善するのは難しい場合が多いので、ポイントを定めて話し合う姿勢が必要です。

中学生と話していて、彼ら自身も困っているのは、就寝時間の場合が多いようです。「眠たいけど、何となく相手のことを気遣って、メールを終われない」と話す生徒、特に女の子が多い印象です。そういう場合、「11時にはケータイやめないと使用停止になっちゃうんで」が格好の終わる材料になることが多く、子どもたち自身にも歓迎されます。

高校生、最近は大学生がオンラインゲーム（パズドラ地獄と彼らは表現します）に没入する場合が多く、それでテストの成績が極端に落ちる場合もよくあります。「2時間に一度は休憩する」というのがうまくいく場合もあります。

また、お風呂には持って入らないとか、食事中はケータイを見ない、会話中はケータイを使わないなど、ごくごく当たり前のことができないことが最近多いので、話し合う前によく考えておく必要があります。

スマホの約束（中学、高校）

①

②

③

④

ルール違反があれば＿＿＿＿＿日使用停止

署名＿＿＿＿＿＿

コラム12　子どもとネットを考える

子供とネットを考える会　山口あゆみ

子どもへは何かと制限をかけているにもかかわらず、親は知らないうちに子どもたちの尊厳を守らない時代になりつつあります。

「ねぇ、運動会参加した？」きっかけは友人のそんな一言でした。「うん、組体操が素敵だったよ」と言うと、「私、参加できなかったんだけど、今年の小学校の運動会ね、インターネットにあるのよ。便利な世の中よね」と返ってきました。私が「それ、危ないんじゃない？」と尋ねると、「こんな動画だけで、どうして子どもに危険性があるの？」と聞き返されました。そこで友人から聞いた『学校の名前で検索する』という、何とも簡単な方法で動画共有サイトにたどり着きました。動画共有サイトに投稿されたタイトルは、「○○小学校××年運動会△年生競技」と書かれ、画面には苗字と学年クラスが書かれた体操着で走る児童の姿が鮮明に映し出されていました。動画を再生すると、親が名前を呼ぶ声に振り返って一人の児童が手を振りました。

「入学式よかったよね」親が写真を撮影しています。手にあるのはスマートフォンです。

Twitterの位置情報がついた呟きを可視化してくれる地図サービスで、学校付近を表示してみると、入学式を祝うたくさんの呟きが目に留まります。正装に身を包んだあの子この子の笑顔の写真が、『ここにいるよっ』て、言いながら、ネットの海に広がっていきます。

ペアレンタルコントロールは子どもを守る上で素晴らしい考え方ですし、親子で対話をして取り組んでいくべきことだと思います。でも、子どもだからというだけで、一方では縛りを与えて、他方で、私たちおとなはなんて理不尽なことをしているのでしょう。

動画の中の彼や彼女は、学校・学年・フルネーム・自分の顔が、全世界に向けて発信されているなんて思いもしないでしょう。

動画共有サイトも、家族や友達、許可した人にだけしか見せないように設定ができます。位置情報も設定次第です。写真を友達に見せたいのなら閉ざされた環境で共有すればいい。

子どもたちは、情報モラルやメディアリテラシーを学校で学習し、体験しながら学んでいます。しかし、私たち親世代はどのように学べばいいのでしょうか。子どもとネットを考える上で、子ども・学校・親・社会すべてが揃ってこそ正しい方向へ進めるのではないでしょうか。欠けた茶碗の欠片にならないように、親も子どもと一緒に学び情報モラルやメディアリテラシーで、社会という器を満たしていきたいものです。

おわりに

「産官学の協働」と「当事者の声を聞くこと」の重要性―新しい方向性―

次ページ上の写真は、2013年4月10日、私の研究室で、総務省（近畿通信局担当者）、グリーの教育啓発担当者、私のゼミ生と教職を目指す学生たちで「ソーシャルゲーム研究会」を開催している様子です。真ん中でモニタを指さしているのが私、向かって右が総務省近畿通信局の平塚氏、左でモニタの後ろのサブパソコンを見ていて、顔が隠れてしまっている（申し訳ありません！）がグリーの小木曽氏、その他が私のゼミ生はじめ、自主的に集まってくれた兵庫県立大学の学生諸君です。

ソーシャルゲームについてさまざまな観点から検討するための会ですが、課題や問題点だけでなく、これからの日本の目指すべき方向性についても議論は進んでいきました。まさに産官学の協働です。しかも当事者（今回は大学生）の声を聞きながらというのは意義深い。「産（グリー）」「官（総務省）」「学（兵庫県立大学）」が立場を超えて、日本の子どもたちを守るために手を組めるとしたら、こんなに素晴らしいことはないと思っています。

昨年、私が、パリ、ウィーンの国際会議に出席した際、彼らは口々に〝our children〟と口にしました。「私たちの子どもたち」、そうです。日本の子どもたちは私たちが守らな

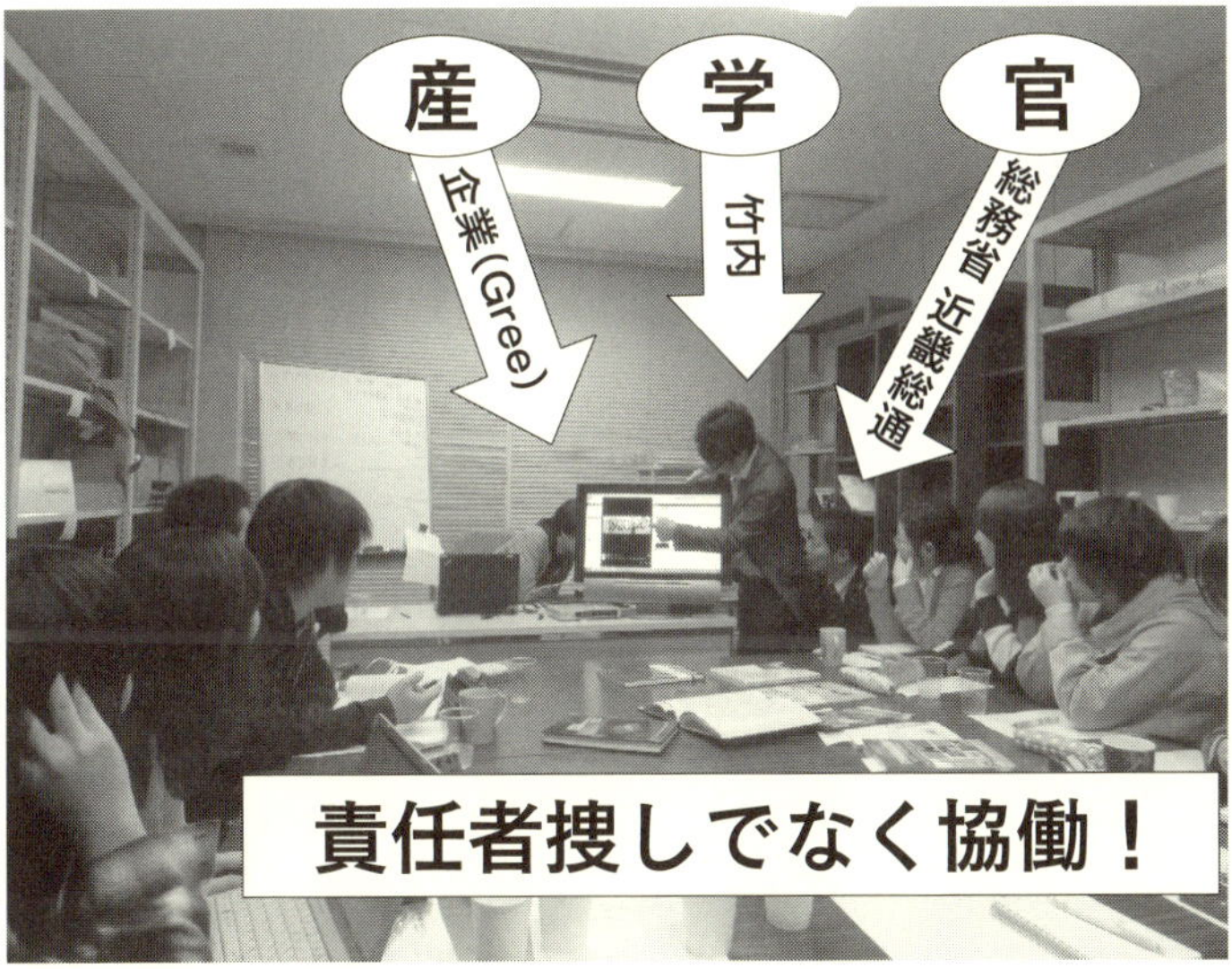

ければ誰も守ってくれません。
グリーやディー・エヌ・エー（モバゲー）は、以前、日本社会では悪名高い会社でした。サイトの「ミニメール」上で福祉犯が多数発生したり、ゲーム依存がはびこったりと、悪の温床だと酷評され続けてきました。また、グリーは、2012年度、コンプガチャの射幸性がやり玉にあげられたり、5千円を課金上限にしていたのにシステムがうまく機能しなかったりと、最近もあまり評判良くありません。彼らの悪行を責め立てて、責任追及するのは簡単です。しかし、私は、日本の子どもたちのために、それぞれの立場でできることがあると思っています。

あまり知られていませんが、グリーは日本中でスマホの使い方等の講演活動をしています。ディー・エヌ・エーも同じです。彼らは、企業ですから、利潤を追求するのは当然です。その利潤追求の方向を私たちの子どもたちにとって、より安全な形に変えていくことは、こういう協働を繰り返し、何度も議論していくと可能になっていくのだと私は信じています。

そうです。「私たちの子どもたち」なのです。スマホの問題は一朝一夕には解決できません。しかし、私たちおとなが、「私たちの子どもたち」のためにできることを、それぞれの立場で考えていくことが必要だと思っています。

責任者捜しは大切です。しかし、それだけではあまりにむなしいです。批判さえしたら、何となく、自分の責任は回避できているように錯覚するからです。私たちの子どもたちを守るために、まずは自分ができることを考えましょう。親は子どもと話をしっかりする。教師はトラブル回避を教える。企業は、より安全な方法を考える。研究者は、どういう方法がより効果的か考える。マスコミは、いい取り組みを積極的に報道する。……。

私はこうやって本を出版することも「私にできること」の一つだと思って、一人一人の子どもたちのことを想いうかべながら一生懸命書きました。誠心誠意、「私たちの子どもたち」を守るために書きました。今日出版でき、とてもうれしく思います。

※ ※ ※

昨年度、本務校（兵庫県立大学環境人間学部）の後期授業「現代教育論」で履修している学生たちにスマホ対策についての議論を課題にしたところ、実に素晴らしい解決方法をたくさん提示してくれました。50人ほどの授業だったのですが、９つの班に分かれて、対策提案バトルをしました。最優秀賞の４班は、私の熊本土産のお菓子をゲットしたのですが、彼らの対策は非常にユニークでした。

大学生の彼らにとって、スマホで最もダメな状況は、「依存状態」だとどの班も一致していました。彼らの多くは、「オンラインゲームやLINEにはまって、生活が崩壊した」経験があると言います。兵庫県立大学の学生だけなのか、日本中の大学生がそうなのかは、今後の調査を待つところですが、私が最近接した大学生の多くは、LINEと「パズル＆ドラゴン（通称パズドラ）」にはまりまくって、生活が崩れてしまったと言います。

授業では、彼らはその対策をプレゼンしました。「ケータイの中に自立型の依存防止アプリを入れるのを法で義務化する」というのです。使いすぎたら、「使いすぎだから、しばらく休みなさい」とアプリが自分で判断して、コメントを出していく、というのです。彼らの説明には笑ってしまいました。

「ケータイの中に、『うるさいおかん』がいるイメージ」
「フィルタリングとか言ったら、なんか、イメージ悪いから、『スマホおかん』やったら
みんな、笑うやろ？」
いかにも関西だなぁと思いました。こういうところに答えはあるのだと思っています。

兵庫県立大学　竹内和雄

Gentile, A. D., Choo, H., Liau, A., Sim, T., Li, D., Fung, D., & Khoo, A. (2011). Pathological video game use among youths: A two-year longitudinal study. *Pediatrics*, 127, DOI: 10. 1542/peds. 2010-1353.

Grüsser, S. M., Thalemann, R. R., & Griffiths, M. D. (2007). Excessive computer game playing: Evidence for addiction and aggression? *CyberPsychology & Behavior*, 10 (2), 290-292.

Howard, P. E. N., Rainie, L., & Jones, S. (2001). Days and nights on the Internet: The impact of a diffusing technology. *American behavioral Scientist*, 45, 383-404.

Korea Information Security Agency (2010). Informatization White Paper. http://eng.nia.or.kr/english/bbs/board_view.asp?BoardID=201112221611162611&id=9351&Order=301&Flag=100 (2013年12月1日閲覧)

一般社団法人日本オンラインゲーム協会 (JOGA) (2011). JOGA オンラインゲーム市場調査レポート2011.

Pew Internet & American Life Project (2009). The internet and civic engagement. http://www.pewinternet.org/~/media/Files/Reports/2009/The%20Internet%20and%20Civic%20Engagement.pdf (2011年4月20日閲覧)

Weinstein, A. (2010). Computer and video game addiction-A comparison between game users and non-game users. *The American Journal of Drug and Alcohol Abuse*, 36 (5), 268-276, DOI: 10.3109/00952990.2010.491879.

【 著者紹介 】

竹内　和雄（たけうち　かずお）

兵庫県立大学環境人間学部准教授（教職担当）

公立中学校で約20年間生徒指導主事等を担当。寝屋川市教委指導主事を経て2012年より現職。生徒指導を専門とし，ネットと子ども，メディア依存，ネット犯罪，メディアリテラシー等，国内外のネット問題を研究している。文部科学省，総務省等で，子どもとネット問題についての委員を歴任。著書「ピア・サポートによるトラブル・けんか解決法」（共著：ほんの森出版）等。

【 コラム執筆者一覧 】

冨田幸子（寝屋川市立第六中学校）……………………………コラム 1
大久保貴世（一般財団法人インターネット協会主幹研究員）………コラム 2
青山郁子（東京福祉大学）………………………………………コラム 3
攝待　卓（日本経済新聞編集委員）……………………………コラム 4
石原友信（安心ネットづくり促進協議会事務局長）……………コラム 5
大島弘嵩（寝屋川市立第五小学校）……………………………コラム 6
宮川正文（子どもの権利条約総合研究所）………………………コラム 7
尾花紀子（ネット教育アナリスト）………………………………コラム 8
西　雅彦（株式会社ディー・エヌ・エー）………………………コラム 9
小木曽健（グリー株式会社）……………………………………コラム10
曽我邦彦（公益社団法人日本 PTA 全国協議会元会長）…………コラム11
山口あゆみ（子供とネットを考える会）…………………………コラム12

家庭や学級で語り合う
スマホ時代のリスクとスキル
—スマホの先の不幸をブロックするために—

2014年２月20日　初版第１刷発行
2014年12月20日　初版第３刷発行

定価はカバーに表示してあります

著　者　竹内　和雄

発行所　㈱北大路書房
〒603-8303 京都市北区紫野十二坊町12-8
電話（075）431-0361㈹
FAX（075）431-9393
振替　01050-4-2083

印刷・製本／亜細亜印刷㈱
検印省略　落丁・乱丁本はお取り替え致します。
ISBN978-4-7628-2828-7　Printed in Japan